正確的飲食帶給您：

健壯的身體．清晰的思考
靈敏的頭腦．愉快的心情
充沛的活力．飽滿的精神
平和的性情．悅人的性格
集中的注意力．旺盛的生命力
健全的下一代

林光常深深祝福您，並為您祈禱。

林光常21天排毒養生餐

DAY 21

林光常◎著

Dr. Luke Lin's Guide to Toxin-free Living:
A pharmacopoeia of meal plans with tips on maintaining sound dietary habits and a wholesome lifestyle.

Translated by Lynne Mallinson

作者序

在耗時年餘，整理蒐集大量資料、整合各方資源與人才之後，終於推出這本中英對照的健康排毒食譜。

銷售突破50萬冊的《無毒一身輕》自出版以來，因為健康意識的抬頭，我感覺到最受讀者垂詢與關注的，首推排毒餐食譜，其次則是《無毒一身輕》英文版本。因此《林光常21天排毒養生餐》的出版，可說是眾人引頸期盼許久。在世茂出版社的支持下，此次不僅呈現出完全客製化的作品，體現讀者的所需所想，同時更圓滿解答了一般人該如何吃出健康的疑問。

許多研究指出，環境荷爾蒙是影響人體健康的因素之一，而且隨著進口食物的大量傾銷，人們越來越不清楚自己吃的食物來源如何，許多疾病也逐步全球化。根據衛生署的統計，由於飲食受到日漸西化及精緻化的影響，國人在動物性脂肪類的食物攝取量過高，已經造成糖尿病、心血管疾病等慢性病的病患比例，有逐年升高的狀況。

而我所推廣的「健康排毒餐」的製作，皆以汆燙、水煮、燉、蒸或者生食等避免高溫的烹調方式處理，保留了食物最原始的美味與營養，不僅吃的人健康，烹調的過程也能免於油煙之害，堪稱實踐最透徹的排毒健康餐點。

「健康排毒餐」選用食材最重要的幾項要點是，避免攝食魚肉蛋奶等動物性蛋白質、蔬果食材講究當地與當季盛產、根莖蔬果強調連皮完整，連如何飲用及選擇好水都大有學問。

由於選用是當季當地盛產的食材，所以不必擔心食物的進口來源，而當季當令即表示這些食材正值盛產，價格便宜亦本質優良，兼顧排毒養生又不必花大錢，可說是一套最經濟實惠的養生餐點。正是因為以最自然的方式調養身體，讓居家養生變得這麼輕鬆而簡單！

食用當季當地盛產的蔬果對於身體是最健康的，若消費者都力行排毒養生，相對地，便能帶動本土農作物的發展市場，來10個WTO也不怕。

這次在書中，我除了緊扣這幾個原則之外，並首度加上食用排毒餐的正確知識，包括：排毒餐前該做的準備、吃排毒餐注意事項、排毒餐Q＆A，及許多一般人容易疏漏，卻是我苦口婆心一再叮嚀的要點。像是很多人常會問我，遵守排毒餐原則的飲食很難持久，怎麼樣調適比較好？所以我就特別在書中告訴你，如何漸進式的食用排毒餐；食用到哪一個階段應暫停；如果真的很想吃肉的時候又該怎麼辦？這些大家最想問的問題都在書中一一解答。

想要擁有健康人生，首先要有健康的認知，而健康的生活，從正確的飲食開始。衆所週知，一日之計在於晨，當然，健康的一天更是從健康的早餐開始。因此，邁向健康人生，您可選擇的步驟：

一、確保早餐一定是健康排毒餐，即便只吃到50%，都有一定的助益。

二、改變飲食順序比改變飲食內容簡單易行，所以，無論如何，一定要注意飲食的順序。尤其午晚餐，一定要空腹時吃水果，先喝湯，吃生菜，再吃熟菜和地瓜、雜糧米飯，最後肚子還有空間才吃動物蛋白質，而且魚比肉優選。

三、如果非吃肉不可，一定要信守「八大原則」，才不致於讓肉成為身體的負擔。

四、健康排毒餐不只是一種飲食方法，更是一套健康的生活模式，故可循序漸進，逐漸走向健康之路，已經有病痛者，建議連續四個月三餐都吃健康排毒餐，再加力行「健康每日七件事」，尚未生病者，每年至少連續21天三餐都吃健康排毒餐，之後，仍要保住早餐吃排毒餐，午晚餐則要盡量避免中太多毒。

五、利用休假日來進行階段排毒，也是好方法。

六、您現在可以立即進行的健康行動是，起床後，刷牙前，生飲七合好水。

七、書中所列食譜，絕大多數都可以互相替換，請不要拘泥文字，更重要的是其中精義。隨著季節與地域的不同，請自行更換，只是一定要記得，當地當季盛產、食物比例和完整攝食三大原則。

同時，為了回應更多英語文讀者，這次特地在書末附上全文英譯，為世界各地的讀者排除語言障礙，力行排毒全球化，讓全世界更健康！

囿於所學有限，難免疏漏，尚祈各位先進不吝指教，甚幸，甚幸！

Contents 目錄

Life

Health

導論

何謂健康排毒餐

許多人都會這麼想：「不生病就是健康」，然而，就是這樣錯誤的健康觀念，往往讓人在不知不覺中讓健康的身體被啃蝕掉。而造成不健康的最大主因，就是不正確的飲食觀念及生活習慣。

其實，現代人身處在強大競爭壓力的生活中，爲了尋求平衡，讓口腹之慾不斷擴大，在長期接觸各式高脂肪、高膽固醇、高鈉、低纖維、低碳水化合物、化學添加物之後，使人們的免疫系統功能開始失調或衰退，進而罹患各種慢性病或導致疾病入侵。而發達的醫學科技，只讓我們不斷地陷於藥劑使用，卻忽略了根本的錯誤飲食習慣、不良生活習慣問題。

而健康排毒餐，就是攝取身體該攝取的所有養分，排除對身體有負擔、有傷害的物質，讓身體保持健康的飲食方法。根莖類生食熟食比例是配合人體陰陽平衡法則，和糙米、地瓜、五穀米的五行原理來組合成一套有彈性有規則的健康飲食方式。身體排毒的方法有許多，但用高纖低油低脂低糖低鹽的方式，以最普及化的地瓜、糙米、生鮮蔬果做排毒食材，不但安全、經濟易實行，接受度高，且改變體質效果顯著。排毒是淨化體質必經的過程，以自然飲食排毒無強迫性，負擔少，無刺激的方式進行，不但能養生也無形中得到自癒的結果。也就是說，當我們都把身體內的毒素清除掉，身體就能得到全然的健康，自然能免除疾病的威脅。

排毒餐設計製作重點

1.顏色平衡→五色平均分配，單色多色平衡。

2.屬性平衡→陰陽、酸鹼、涼熱、分解合成、收縮與膨脹。

3.質感平衡→根、莖、葉、瓜、果、穀豆輪替變換。

4.口感平衡→酸、甜、鹹、辛、苦濃淡皆有。

5.營養平衡→蛋白質與澱粉比例適當分配。

排毒餐的特色

1.食材種類的選擇：當地、當季、盛產之蔬果，洗淨連皮(易消化咀嚼)食用。食材選擇有彈性，變換容易，方便獲得，價格穩定，符合人與天地連結的自然法則，對體質改善或代謝，比較能持續進行。

2.食材份量比例原則：一份水果、二份蔬菜、一份地瓜、一份五穀飯。1:2:1:1份量恰當可維持體內酸鹼平衡和基本均衡的營養，讓身體在淨化、排毒的同時，仍能滿足所需養分，保持體力和正常的運作。

3.吃食物的順序：湯、果、菜、豆、藻、米、地瓜。先飲流質，再食生纖維、蔬果，後食蛋白質與澱粉熟食，是配合體內消化系統分解吸收的速度與時間進食，食物單純有次序的吸收，一者減少身體負擔，二者讓其他系統能同步運作，進行分解合成功能，身體可以順暢代謝排毒。

4.改善的水質：喝好水，每日3000c.c.，水在體內佔70%，對身體新陳代謝有頗大影響。WHO警告，80%的疾病與水源不潔有關。有足夠的好水在體內，可以加速體質的淨化，縮短排毒時間，減少康復過程中好轉反應所帶來的不適，平衡身體的壓力。

5.改善生活品質：飲食改善，讓身體有足夠的本錢和時間去修復和自癒，運動、睡眠、作息的改善，讓身體在空間上得到適當的休息和準備，身體會在適當的時機告知身體健康狀況和自我進行淨化治癒的功能，提供正確的訊息和反應，減少生活中的壓力和衝突，發揮所需的工作效益。

6.體質改善：身體在安全適當飲食改變下，會自然進行排毒與更新的變化，進而改善體質或得到自我治癒和修復的結果，大多數慢性疾病和飲食不平衡者，都可以利用排毒餐飲食原則，簡易輕鬆實施體質調整，提昇免疫力、覺察力和敏銳度。隨個人體質和實施方法，正確性持續性得到不同的改善效果。

健康進食的主張

早餐的吃法

1份水果＋2份蔬菜＋1份地瓜＋1份糙米

說明：

1. 水果的選擇，以當地、當季、盛產為原則，凡是進口水果或是非當季的冷藏品皆不宜。
2. 蔬菜選擇時，除保持當地、當季、盛產的原則之外，並以根、莖、花、果四大類為主。
3. 地瓜的選擇，以黃肉比紅肉為佳，並需連皮一同食用。若為慢性病患，可以食用兩份。
4. 食用糙米時，可以在其中添加小紅豆、紫米、薏仁、黃豆等各種五穀雜糧。
5. 若本地不產地瓜，則以馬鈴薯替代。

午、晚餐的吃法

60～65%五穀雜糧＋25～30%蔬菜類＋10～15%豆類和海藻類＋5～10%湯

說明：

1. 烹調方式以蒸、煮、燙、燉為主，尤其以蒸最好。
2. 五穀雜糧的比例最好為五穀類占70%，雜糧占30%。
3. 蔬菜類最好保持1/2～3/4的生食，讓身體可以吸收足夠的酵素。
4. 蔬菜中的葉菜類和芽菜類雖佳，但較不適合病人在康復期食用。
5. 癌症患者或是尿酸過高與腎臟病患，則盡量不吃豆類等蛋白質。
6. 湯可盡量用海帶或紫菜等蔬菜熬煮。
7. 於兩餐之間食用水果。並記得不要同時吃兩種以上的瓜類水果，以免容易引起腹瀉。
8. 每天生飲好水3,000c.c.以上。
9. 午晚餐需要搭配2～3道的熟食，請根據P144～P150熟菜菜單自行選擇組合。

十二大禁忌食物

慢性病人在進行頭4個月健康排毒時，爲什麼需要愼選攝取的飲食？因爲不當的飲食攝取，會讓身體一面排毒，卻又一面「中」毒。以下這些禁忌的食物，就是非常容易造成身體二次傷害的食物：

1. 魚蝦蟹等海鮮

因為水域的污染日益嚴重，讓生長於水中的生物也間接受到污染，尤其含有大量的重金屬，更是會對人體的腎臟造成傷害。

2. 肉

肉類除了容易讓人體轉為酸性體質之外，還因為在動物生長的過程中，為了加速產量而注射許多抗生素、賀爾蒙，而這些藥劑會存留於肉中，在食用後自然就會對身體造成傷害。

3. 蛋

蛋是高度濃縮的蛋白質，使我們的身體很難消化吸收，而且含有複雜的賀爾蒙，讓人體對此引發過敏反應。

4. 奶

牛奶中的鈣在殺菌的產程中，會轉為無機鈣，不但無法為身體補充鈣，還可能提升體內結石的機率。而牛奶中的蛋白質，在體內經消化分解後，會產生一種屬於強酸的「氨素」，於是造成身體為了平衡酸鹼，而將骨骼中屬於鹼性的鈣質溶出，讓鈣消耗更多。

5. 油

經過油處理的食物，不論是油炒還是油炸，在體內的消化時間需要四至十二小時，對身體造成很大的負擔。而且油脂容易使動脈硬化，讓血管失去彈性，且造成血脂肪的累積，嚴重妨害血液的輸送。

6. 鹽

食用含鹽高的食物，等於吃進了很多的鈉。當體內的鈉含量越高，相對地會讓鉀含量降低，而讓身體嚴重的酸化，讓細胞容易罹癌。

7. 糖

精緻的糖在進入身體消化時，會釋放出身體內的鈣及維生素B。而且攝取糖之後，會使血液的濃度增加，讓精力降低，增加疲勞感。

8. 味精

味精是常用的調味料之一，可刺激味蕾，增添食物鮮味。不過，它加熱後產生的成分不易排出體外，對中樞神經系統、視神經都有影響，長期食用會導致口乾舌燥、易頭暈、注意力不集中、容易疲勞、掉頭髮等反應。

9. 醬油

醬油中同樣含有高量的鈉，且會影響血壓的狀況。

10. 所有精緻與加工食品

精緻的加工食品是沒有營養而且無能量的食物，因為它們會在精製的過程中，損失極多的營養成份。

11. 含咖啡因的食品

因為咖啡因會刺激神經系統，使精神興奮、心跳加快、血壓上升、活力充沛。但咖啡因也有加強止痛的效果，在長久使用之後會使身體上癮，進而對健康造成危害。

12. 含酒精食品、冰品類

酒精對身體的損害是嚴重的，它會產生的不良影響包括：誘發頭痛、損害肝臟、影響中樞神經、增加致癌風險、促進心血管疾病發生機率。而冰品很容易傷腎，對女性尤其不宜。

健康選食10大原則

1. 重五穀

未經加工的五穀雜糧含有豐富的營養素以及纖維素，尤其纖維素有預防便秘、緩解腹瀉、預防大腸直腸癌的發生等優點，是精緻加工的食品所無法提供的。而且五穀對脾臟的相當有助益，能夠讓脾胃的消化吸收功能更健全。而在攝取五穀時亦需挑選適合的穀物，就是生長的地域要符合當地性，即要分別挑選生長在長江以南（含東南亞）的穀物，如糙米、紅米、小米、薏仁等，或是生長在長江以北（含美加地區）的穀物，如大麥、小麥、燕麥、蕎麥等。

2. 結種子的蔬菜

蔬菜含有豐富的β-胡蘿蔔素、葉酸、維生素C、維生素E及纖維素，若每天攝取足夠的蔬菜，能提供身體攝取足夠的營養素，保持身體健康，幫助身體免受感染以及抵禦疾病。蔬菜根據食用的部位可以分為：葉菜類、花芽莖類、種籽及豆莢類、瓜果類、根莖球莖及塊莖類、海藻類、堅果及乾豆類，可以運用不同的搭配，供應身體一切所需。

※挑選參考原則

1. 球莖類→紫高麗菜、白高麗菜、大頭菜、花椰菜。形狀完整、外表光澤、緊密結實、有重量感、底部堅硬、無變色空心、腐爛、顏色無枯黃斑點、纖維質無老化、內部無變色、清炒時有微甜，外部顏色鮮明。
2. 根莖類→蘆筍、芹菜、牛蒡、紅蘿蔔、甜菜、白蘿蔔、菜心、嫩莖萵苣、茭白、竹筍、生薑、蓮藕。外表光滑、質地細、顏色無過暗或太白，形狀直、有重量感、無空心或塊斑、皮薄、內外顏色平均一致、根部無過多纖維，外部無裂開，有香味耐久煮。
3. 塊莖類→馬鈴薯、芋頭、地瓜、涼薯、馬蹄、慈姑、百合、山藥。形狀完整、無發芽、皮薄乾糙，有光澤有重量感，結實無裂開或缺損，紋路明顯、無皺縮紋或變色，不腐爛。
4. 葉菜類→根部不長鬚根，全株完整，葉不變黃或腐爛，顏色鮮明，斑點少、有光澤、無過份肥大或過長現象，不開花、莖部無裂開、葉柄結實而嫩多汁，放室溫下一日，在浸水中仍保持完整和翠綠色，有清香味或淡甜味。

3. 有核的水果

新鮮的水果含有豐富的維生素和礦物質，尤其是維生素A、C，還有纖維素、天然糖分以及水分。而且水果不僅營養豐富，還有味道鮮美、極容易被消化吸收的優點，尤其連皮一同打成果汁飲用，只需要半小時就能被身體完全消化吸收。而且需謹記，有籽有核的水果才擁有能量，千萬不要選擇科技的新產品，譬如無子葡萄、無子西瓜等等，否則反而會對健康有害。

※挑選參考原則

水果類→表面光澤、果肉飽滿多汁、結實完整有脆度、有重量感，外形無過肥大，有香味，甜度適當，室溫下放數日仍有香味，放水中浸泡，瀝乾後無快速腐爛現象，顏色無太鮮豔或太淡。

4. 當地出產

所謂當地的食物，就是同一緯度或泛指同一個氣候帶所生產的食物。這是因為地區不同，人們攝取的食物也會不同，因為所有在當地生產的食物，剛好是解決當地所特有疾病的最好藥物。譬如說，生活在熱帶地區的人，就不適合攝取產自寒帶地區或溫帶地區的食物。

5. 當季盛產

所有的農產品，都依不同的季節種植及採收，所以我們也需照著食物的節奏與定律攝取，才是符合人體的自然律動。而且當季所生產的食物，剛好就是解決在這個季節最容易發生疾病的最好藥物。這是因為食物會記錄溫度，植物本身會記載當地當季的氣候、溫度、濕度、太陽的照度以及宇宙的射線，還有整個土壤的變化，這些訊息一旦被食物紀錄之後，人吃了這些食物，自然就能幫助人去適應這個氣候季節的變化。所以老是吃進口食物、過季的或提早熟食物的人，身體一定不好。

至於如何判別當季盛產的蔬果，就是市場上的販售量最豐富，而且價格最便宜的蔬果。不過即使是盛產的蔬果，仍須符合當地的原則才是。

6. 成熟的食物

每一種植物都有一定的發育時期，但商人為了盡快獲得利益，提早採收，而使用許多化學肥料、農藥、賀爾蒙等，進而讓這些不健康的化合物隨著食物進入我們體內，嚴重影響健康。

7. 完整食用

食物的每一個部分都具有不同的營養成分，要一起食用才能發揮最大的效果，所以在食用蔬菜及水果時，一定要完整食用，千萬不要因為口感差，覺得不好吃，就把外皮、葉子通通去除。這樣的吃法即使攝取很多蔬菜水果，但因為吃錯了，身體依舊會一樣的差。

8. 熟食水煮

最好的烹調方式，就是水煮，就是運用蒸、燉、燙來料理食物。在2003年10月，有一篇西班牙國家科學委員會的報告指出，研究發現使用蒸的方式，能夠把食物的營養保存得完整。相對的，會讓身體遭受最大傷害的烹調方式，就是油炸。這是因為當食物經過油炸後，會成為高脂肪的食物，當脂肪攝取過多，便容易使血管內囤積脂肪，增加心血管疾病的發生機率。而且，過多的脂肪還會引發肥胖，以及讓新陳代謝不正常，誘發疾病，增加肝臟分解工作的負擔。

9. 部分生食

在每一餐裡，最好有50%以上的蔬菜和水果維持生食。因為蔬菜與水果中的酵素和維生素在烹調的過程中，容易被破壞或流失，大大降低攝取量，甚至引發消化問題。只要一旦恢復生食，可以改善耗損的身體功能，減緩老化速率，讓精力充沛。

10. 禁食

健康的禁食不但可以讓負擔過重的消化器官有休息的時間，還可以幫助排除身體的毒素，儘快的調整體質。禁食的進行是從一天開始，然後慢慢增加到三至七天，而禁食期間不要吃任何東西，只要喝好水即可，再配合呼吸調整、輕鬆勞動和灌腸，自然可以讓身體更健康。

排毒餐前的準備

- 所有的料理皆以一人份爲設計準則。不過若爲手術後患者、消化道功能差者或兒童，水分與食材可自行減量或稀釋，由少漸增調整濃度與水量。
- 如果一時無法接受排毒餐的飲食原則，可以依照循序漸進的方式，慢慢改變，譬如先從早餐開始做起。
- 全部的料理並無調味料的配置，若不習慣的人，可以自行用天然食材、健康調味食品、健康防癌高湯等來添加菜餚風味。
- 烹調時如一定要使用油，請務必選用冷壓橄欖油。水都要用好水，包括洗滌、浸泡用水。
- 炒菜時若用不沾鍋，請勿用含鐵氟龍成份的材質。
- 對健康的正常人來說，若午、晚餐因生食過多而無法滿足飽腹感，可以另增2～3種熟食，但烹調方式以水炒、水煮、汆燙、蒸、燉、滷爲主。午晚餐需要的熟食，請根據P144～P150的菜單自行選擇組合。
- 地瓜洗淨表層泥土後，以蔬果解毒機浸泡20分鐘，對半斜切，放電鍋中蒸20分鐘即可。
- 在烹調前，所有的蔬菜及水果必須以蔬果解毒機洗淨。
- 兩種不同顏色之根莖蔬菜，同水果洗淨，連皮連籽，放果汁機中均勻打細。若無法打細或咀嚼不易則勿食，以免難消化；若直接生食，必須充分咀嚼或切細再吃。
- 蔬果及水份比例依體質不同、年齡(老人或兒童)差異，彈性調整濃度份量。

  水果一份150～200克　蔬果兩種 50～100克　水份100～200c.c.

  參考搭配食材如下：蘋果+高麗菜+紅蘿蔔　葡萄+甜菜+牛蒡　鳳梨+青椒+紫高麗菜

  香蕉+小黃瓜+甜菜　芭樂+西洋芹+番茄

食材容量換算

1杯=240c.c.=16大匙　1大匙=15c.c.=3小匙　1小匙=5c.c.

1/2小匙=2.5c.c.　1/4小匙=1.25c.c.

DIY健康防癌高湯

材料：

帶鬚玉米	300克
白蘿蔔	250克
紅蘿蔔	200克
牛番茄	200克
黃豆芽	160克
白蘿蔔葉	150克
金針花	100克
牛蒡	70克
薑	30克
昆布	20克
香菇	5朵
好水	5000c.c.

做法：

1. 將所有材料依比例及所需份量備妥，洗淨後連皮一同切塊，放進鍋中。
2. 鍋中倒入好水後，以大火煮滾。
3. 轉小火續燉煮2小時後熄火，濾出湯汁即可作為烹調湯底。
4. 最好的狀況是現煮現喝。若要一次煮多量高湯儲存備用，可在湯汁待涼後，裝入保鮮盒或冰塊盒中，放進冷凍庫中保存。

▲材料

▲成品

DIY健康美味粉

材料：

黑芝麻	等量
白芝麻	等量
卵磷脂	等量
啤酒酵母	等量
松子	等量

做法：

1. 先將黑芝麻、白芝麻、松子磨成粉。
2. 把全部材料攪拌均勻，裝於密封罐中保存即可。
3. 食用前再依照所需份量挖取。

▲材料

▲成品

DIY健康沙拉醬（感謝香港611靈糧堂張師母提供）

材料：

蜂蜜	1小匙
檸檬	1顆
橄欖油	1大匙

▲材料

做法：

1. 先將檸檬榨汁。
2. 將所有材料一同放在大碗中，用打蛋器或攪拌器攪和均勻，至滑潤的黏稠狀即可。
3. 裝於保鮮盒中，置於冰箱中冷藏，保存時間約為1星期。
4. 也可於沙拉醬中添加新鮮水果泥一同攪拌，創造不同風味。

▲成品

蔬菜節約烹調法

- 高湯燙菜，會有自然甜味，使高湯的味道更豐富，減少糖、鹽用量。
- 汆燙後的蔬菜湯汁，可放入高湯中或留作蔬菜拌飯。
- 高湯若有餘，可用來煮飯，增加香甜感。
- 蔬菜用小火乾炒後再放調味料，可增加甜味，減少調味料的用量。
- 將堅果放至湯中煮，可減少烹調時的用油量。
- 用膠質高的食材烹調後，留汁加水即可燙青菜，不必另外勾芡。
- 用天然甜味食材放入高湯中，可省略加糖步驟，湯味更好。
- 將蔬果去皮去籽的部分放入鍋內，小火慢煮，即成高湯，含有綜合的營養成分和豐富的味道。

可使用的調味食品

天然食材－檸檬、昆布、香菇、九層塔、蔥、薑、蒜、辣椒、玉米

健康食品－葡萄乾、竹鹽、米醋、紅糖、蜂蜜、楓糖、納豆、味噌、米酒、松茸精

暖性香料－芥菜、肉桂、紫蘇、紅花、紅辣椒、黑白花椒、山葵、茴香、八角、薑、荳蔻、香菜、月桂、羅勒、香椿、刺蔥

勾芡食材－秋葵、葛粉、藕粉、海藻（石花粉）、馬鈴薯、玉米粉（米、豆類打漿沉澱之粉）、澱粉蔬菜、皇宮菜、過貓菜、川七、麻薏菜、芋頭莖

甜味食材－水果、水果乾、甘草、糖蜜、牧草、甜菊葉、蔬菜酵素、鳳梨皮、蔬果（球莖、根類、瓜類）、菇類

油脂食材－椰子、酪梨、種子、堅果、橄欖、杏仁

雜糧糙米飯

材料：

糙米	70%
五穀（蓮子、薏仁、枸杞、小米、小紅豆、紅棗）	30%

食用的注意事項：

1. 烹煮前須先將糙米泡水4小時（冬季6-8小時），五穀泡水1小時。水要用好水，不可用自來水。
2. 入鍋前可以加少許竹鹽、兩滴油或備長炭煮，可增加米的Q度，減少米的粗澀感，增加耐放時間。
3. 飯後不要立即吃其他點心或飲料，會導致消化不良，並影響排毒效果。
4. 若為夏天，或是兒童、體質燥熱者，應以單一穀物，譬如糙米、胚芽米，來搭配地瓜。
5. 若為冬天，或是體質虛寒者，可選擇多種澱粉類食物搭配。
6. 若位於溫、寒帶地區者，可於糙米飯中添加大麥、小麥、燕麥、蕎麥。
7. 穀麥合食，雖然澱粉含量較多可增強體力，但攝食偏酸，不宜長期多食。
8. 若胃酸過多者，而常有飢餓感，可以選擇鹼性配法，譬如將糙米與納豆搭配食用。
9. 白米適合鹼性體質，可在腹瀉時，煮粥作為調養止瀉用。

做法

糙米飯 →
- 加備長炭、好水，浸泡2小時(夏季)浸泡4-6小時(冬季)，水倒掉 → ❶ ❷
- 加熱水，浸泡1小時，水倒掉 → ❶ ❸
- 好水(或高湯)，煮滾，水倒掉 → Ⓐ Ⓑ

發芽米飯 →
- 加備長炭、好水，浸泡4小時，水倒掉 → ❹

雜糧五穀 →
- 加好水浸泡，水倒掉
  薏仁2小時　紅豆2小時
  綠豆2小時　黃豆2小時 → ❷
- 加好水煮滾，水倒掉
  薏仁30分鐘　紅豆1小時
  綠豆30分鐘　黃豆1小時 → Ⓑ

❶ 加入好水(或高湯)　米：水＝1：1.5 → Ⓐ

❷ 加入好水(或高湯)　米：水＝1：1～1.5 → Ⓑ

❸ 加入好水(或高湯)　米：水＝1：1 → Ⓑ

❹ 放進有蓋容器　靜置4小時，洗一遍 → ❷

Ⓐ 放進電子鍋 → 開關跳起　由下往上　均勻攪拌

Ⓑ 放進電鍋（外鍋水一杯） → 開關跳起　悶30分鐘

DAY 1 早餐 · Breakfast ·

快樂蔬果沙拉

材料
芭樂……200克
紫高麗菜……30克
玉米粒……1大匙

做法
1. 將芭樂洗淨後，切成小塊備用。
2. 把紫色高麗菜一片片剝開洗淨後，切成小塊備用。
3. 準備一鍋沸水，將玉米粒投入，汆燙至熟後撈起放涼。
4. 最後將所有材料放入盤中即可。

附註 若將以上食材打成果汁，可加入適當檸檬、蜂蜜、黑白芝麻、酵母B群、卵磷脂、松子（或腰果），以及植物綜合酵素、全然穀粉、鈣源或植物種子纖維等，效果更佳。

芝麻地瓜球

材料
黑芝麻……3大匙
地瓜……60克

做法
1. 把熟黑芝麻倒進盤中備用。
2. 將地瓜放進電鍋內，蒸至全熟鬆軟。
3. 從電鍋中取出地瓜，放進大碗中待涼後，用大湯匙搗成泥。
4. 將雙手洗淨，取適量地瓜泥於掌心揉捏成丸狀。
5. 把地瓜丸放在鋪滿黑芝麻的盤子中滾動，使地瓜丸的表面沾滿黑芝麻即可。

附註 若買到的黑芝麻是生的，可以倒在烤盤上，以低溫烘烤即可。

薏仁糙米飯

材料
薏仁……1杯
糙米……3杯
好水……6杯

做法
1. 將薏仁與糙米倒入電鍋內鍋中，再倒入好水浸30分鐘。
2. 再將內鍋放入電鍋中，外鍋加水1杯，煮至跳起再燜10分鐘即可。

光常的叮嚀

解決農藥殘留的好方法

想要安心的生吃蔬果，必須要先排除農藥殘留的問題，除了慎重地挑選不使用化學肥料、農藥的新鮮蔬果外，亦可以透過三個解決的方案來避免：

1. 自己種，這個是根本之道。
2. 找農民請他種。
3. 借助O_3臭氧，即OZONE蔬果解毒機。在挑選機器時必須符合臭氧的釋放量一小時是在200到250 mg之間，尤其不要超過300以上，以免反而傷害身體。並且一定要是符合德國標準製造或擁有德國專利的機器，因為全世界最高標準就是德國。

三菇抗老湯

材料

乾香菇	5朵	雜糧麵包	2片	白芝麻	1小匙
金針菇	30克	健康防癌高湯或好水	250c.c.	薑絲	少許
鴻禧菇	30克	樹薯粉	1小匙		

做法

❶ 將乾香菇預先泡軟，切絲備用。
❷ 把金針菇及鴻禧菇洗淨備用。
❸ 高湯中投入薑絲煮沸，放入乾香菇、金針菇及鴻禧菇。
❹ 樹薯粉調水攪勻，等湯再次沸騰時倒入，勾芡成糊狀。
❺ 把湯填裝入碗中，把麵包放至湯上，撒上白芝麻即可。

排毒蔬菜棒

材料

小黃瓜	1條	白蘿蔔	50克
紅蘿蔔	80克	梅汁	1大匙

做法

❶ 將小黃瓜、紅蘿蔔及白蘿蔔洗淨後，切成長條狀。
❷ 白蘿蔔絲以梅汁漬10分鐘，與其他材料拌勻即可。

附註 若覺得生食白蘿蔔仍有辛辣味，可以先沖水5分鐘來降低辛辣味。

涼拌海帶根

材料

海帶根	50克
蒜頭	2顆

做法

❶ 將蒜頭磨成泥，備用。
❷ 海帶根洗淨後過滾水氽燙瀝乾，與蒜泥拌勻即可。

附註 亦可另加芝麻粒、香油、薑泥、芹菜末、味噌，來做變化。

＊餐間水果-蘋果＊

蘋果素有「一天一蘋果，健康不生病」之稱，這是因為蘋果內含各種有機酸，對排毒很有幫助。而其中的果膠具有整腸作用，果糖則可以消除疲勞。除此之外，蘋果還含有大量的抗氧化物，能防止自由基對細胞的傷害。而且蘋果所含的鉀還可以與體中多餘的鈉離子結合，如果多吃蘋果就可以協助鹽分的排除，降低血壓。

DAY 1 午餐 · Lunch ·

DAY 1 晚餐 · Dinner ·

黃豆糙米飯

材料
黃豆……0.5杯
糙米……3.5杯

做法
❶ 黃豆在前一晚先泡好水，或事先泡好水6小時。
❷ 糙米事先泡好水4小時。
❸ 把黃豆與糙米浸泡的水倒掉後，放進電鍋內鍋中，倒入6杯好水。
❹ 再將內鍋放入電鍋中，外鍋加水1杯，煮至跳起再燜10分鐘即可。

明日葉豆腐湯

材料
明日葉……50克
嫩豆腐……1塊
紅蘿蔔……30克
健康防癌高湯或好水……300c.c.
竹鹽……少許

做法
❶ 將明日葉洗淨後，切成約5公分長的小段備用。
❷ 把嫩豆腐切成約3公分長的小塊備用。
❸ 把紅蘿蔔切成薄片備用。
❹ 在鍋中將高湯煮沸，投入紅蘿蔔及豆腐，等再次煮沸後放入明日葉、竹鹽，待煮沸即可熄火。

苦瓜紫菜卷

材料
苦瓜……100克
高麗菜……30克
海苔……2片

做法
❶ 將苦瓜剖開洗淨後，切成薄片用熱水汆燙1分鐘，再用梅汁漬30分鐘。
❷ 把高麗菜洗淨後，切成細絲備用。
❸ 讓海苔在桌上攤平，放上高麗菜絲及苦瓜片，以手捲起即可。

DAY 2

早餐 · Breakfast ·

清肝蔬果汁

材料

- 蘋果……200克
- 小黃瓜……60克
- 紅蘿蔔……50克
- 好水……300c.c.

做法

1. 將蘋果、小黃瓜、紅蘿蔔切成小塊後，放進果汁機中。
2. 再把好水倒入果汁機中，一同攪拌打勻即可。

附註

1. 亦可加入適當檸檬、蜂蜜、黑白芝麻、酵母B群、卵磷脂、松子(或腰果)，以及植物綜合酵素、全然穀粉、鈣源或植物種子纖維等，效果更佳。
2. 蔬果汁飲完半小時再吃地瓜飯，對於胃腸消化不良的人來說，若食用的時間太近較容易導致脹氣。

地瓜枸杞飯糰

材料

- 地瓜……60克
- 枸杞……2大匙
- 糙米……2杯

做法

1. 將糙米倒於電鍋內鍋中，以清水沖洗，加入3杯好水。
2. 把地瓜外皮沖洗後，切成約1公分的小塊，拌進糙米中。
3. 把內鍋放進電鍋中，外鍋倒半杯好水，煮約20分鐘至全熟。
4. 待稍涼後以飯杓將飯與枸杞拌勻，挖取適量填裝至飯糰模型中，稍微壓擠成型即可。

附註

若地瓜飯無法一次吃完，建議將地瓜與糙米分開蒸煮，吃前再拌在一起，可以增加地瓜飯的新鮮保存時限。

光常的叮嚀

小心食品添加物

因為食品化學及加工技術的快速發展，現代生活中充斥著種類繁多的各種加工食品，各處可見的零食、調理包、速食等等，都添加了大量的食品添加物。所謂食品添加物，即是讓食物在製造、包裝、運送、貯存等過程中，為了著色、調味、防腐、增添香味、安定品質、防止氧化...等用途，而添加或接觸於食品的物質。

而食品添加物中除糖、鹽、酒、醋等可算天然添加物外，其他大多是由化學合成的。也就是說，食品添加物只是為了延長食物保鮮的時效，或讓食物的色香味更誘人而已，對健康完全沒有好處，而且食品添加物會影響人體健康，也有致癌的危險。所以，即使有法律規範食品添加物，但為了避免化學毒進入身體，還是能避免就盡量避免。

紫米烤飯糰

材料
紫米　2杯
枸杞　2大匙

做法
❶ 將枸杞、紫米裝入電鍋內鍋中，以清水沖洗後，加入3杯好水。
❷ 把內鍋放進電鍋中，煮約20分鐘至熟即可。
❸ 待飯稍涼後，以飯杓挖取適量，以手或飯糰模型捏製成三角飯糰。
❹ 平底鍋用小火燒熱，把飯糰放置於鍋面上，烤至表面稍硬。
❺ 翻轉飯糰，至飯糰兩面皆稍微乾硬即可。

山藥昆布湯

材料
山藥　30克　青蔥　1根　薑絲　10克
海帶　30克　健康防癌高湯或好水　250c.c.　竹鹽　少許

做法
❶ 將山藥切成長條片狀，海帶泡開，備用。
❷ 青蔥洗淨後切成碎蔥花，備用。
❸ 高湯倒入鍋中加海帶、薑絲煮至沸騰，投入山藥、竹鹽，再煮至沸騰即熄火。
❹ 起鍋後裝至碗中，撒上蔥花即可。

三彩沙拉

材料
南瓜　60克　豌豆仁　1大匙　味噌　1小匙
白花菜　60克　芝麻醬　1小匙

做法
❶ 將南瓜切成約5公分大小的塊狀。
❷ 白花菜洗淨後，切成小朵備用。
❸ 備一鍋滾水，把南瓜、白花菜投入燙至熟，再放入豌豆仁燙一分鐘，即撈起放涼。
❹ 把所有材料擺放置碗中，拌上味噌、芝麻醬即可。

附註　若食用豌豆仁容易脹氣，可以用青花菜替代。

＊餐間水果-香蕉＊

香蕉也是要連皮吃的水果。香蕉的果肉對脾胃幫助甚大，而皮則是對心臟很好，所以完整的攝取不僅可以維持食物的酸鹼平衡，也可以兼顧心臟脾胃。且香蕉的糖質不但能補充能量，且富含的食物纖維可刺激腸管蠕動，使糞便暢通。而香蕉中亦含有豐富的鉀，可以平衡體內過多的鈉，防止血壓上升，降低心血管病的發生。

DAY 2 午餐 · Lunch ·

DAY 2 晚餐 · Dinner ·

小米煎餅

材料 小米……1大匙　全麥麵粉……150克
玉米粒……50克　好水……50c.c.

做法
1. 小米先浸好水30分鐘，或用熱水浸10分鐘。
2. 將玉米粒切碎或磨泥，與小米、麵粉、好水拌勻，使之揉成麵糰。
3. 把麵糰搓成圓球狀，以桿麵棍桿成圓餅狀麵皮。
4. 平底鍋以小火熱鍋，將麵皮放入鍋中，煎至表面呈現金黃色即可。

高纖什錦沙拉

材料 海帶絲……50克　烏醋……1小匙
劍筍……50克　醬油……1小匙
玉米粒……1大匙　麻油……1/2小匙

做法
1. 把烏醋、醬油、麻油拌勻成醬料。
2. 準備一鍋沸水，依序將海帶絲、劍筍、玉米粒投入汆燙至熟。
3. 撈起放涼後，一同擺放至盤中，最後撒上玉米粒、淋上醬汁即可。

香菇串

材料 新鮮香菇……7朵　薑泥……1/2小匙
蒜頭……2顆　醬油……1/2小匙

做法
1. 將香菇洗淨後去除蒂頭，以竹籤從中心點穿過，依序串起香菇。
2. 把香菇串放進烤箱中，以120°C 烤約5分鐘。
3. 蒜頭剝除外皮後，在磨泥器表面來回搓成蒜泥，與薑泥、醬油拌勻成醬料。
4. 從烤箱中取出香菇串，食用前沾取醬料即可。

羅宋湯

材料 高麗菜……50克　洋蔥……50克
四季豆……10支　紅蘿蔔……30克
大番茄……80克　竹鹽……適量
健康防癌高湯或好水……1000c.c.

做法
1. 把高麗菜一片片剝開洗淨，四季豆洗淨對切。
2. 大番茄洗淨後，切成4片備用，洋蔥、紅蘿蔔切成約1公分的丁塊。
3. 將高湯倒入鍋中煮沸，放入大番茄煮沸後，再放入紅蘿蔔、洋蔥煮15分鐘。
4. 再放入高麗菜、四季豆煮約15分鐘，最後加入竹鹽即可。

DAY 3

早餐 · Breakfast ·

香蕉

材料 香蕉……1根

做法 將香蕉剝皮後，直接食用即可。

附註
1. 食用時可沾取少許肉桂粉。
2. 香蕉最好在皮表面已出現黑點時食用。
3. 香蕉若要連皮吃，須挑選有機無農藥的香蕉。
4. 香蕉有潤肺、清腸胃、通便的功用。

地瓜餅

材料
地瓜……60克
地瓜粉……150克
竹鹽……1/2小匙

做法
1. 地瓜表面洗淨後，放進電鍋中蒸至熟軟。
2. 將地瓜從電鍋取出放於大碗中，去皮後用大湯匙搗成泥。
3. 在大碗中加入地瓜粉、竹鹽，混勻成麵糰。
4. 把麵糰分別搓揉成直徑約5公分大的圓球，並用桿麵棍壓整成圓餅狀。
5. 平底不沾鍋以小火熱鍋，將圓餅放進鍋中，至兩面呈金黃色即可起鍋。

糙米蔬菜粥

材料
糙米……1/2杯
番茄……60克
小黃瓜……50克
健康防癌高湯或好水……500c.c.

做法
1. 把番茄、小黃瓜洗淨後，切成約1公分的小丁塊。
2. 在鍋中倒入高湯及糙米，煮至熟軟即熄火。
3. 將番茄丁、小黃瓜丁倒入鍋中，與糙米粥攪拌均勻即可。

附註 亦可加入堅果或核桃5粒，或馬鈴薯50克切丁與糙米同煮。

＊光常的叮嚀＊

要喝好水

水的補充對於健康很重要。除了每天要喝足3,000c.c.的水，在一天之中，有三個時段一定要喝水：早上起床後、下午三點鐘左右、晚上七至九點鐘。另外當處於七、八月份的夏季時節，身體水分的需求量更是大幅增加。

每早起床後，就馬上生飲1,260c.c.的好水，效果非常好。但是有腎臟病、心臟病、肝硬化的病患，仍需依照醫師指示喝水。另外在醫學上有種說法叫做「危險四點鐘」，因為心腦血管爆發大多在凌晨四點，此時血濃度、黏度都最高，若在睡前喝200c.c.的水，可以幫助人體的血濃度降低。

並且，喝的是否是好水同樣重要。因為水不僅能解渴，還能提供人體必須的礦物質和微量元素。所以，好水必須有條件：保留原始的礦物質；沒有氯、雜質、重金屬；酸鹼值為微弱鹼性的7.4～8之間；要能符合生飲的標準；必須有含氧；好水的分子整齊且密度高；運用一台不使用電的濾水器。

雜糧饅頭

◎材料

松子	1大匙	小米	1大匙	酵母	4克	泡打粉	3克
黑芝麻	1大匙	全麥麵粉	150克	黑糖	1/2小匙	好水	150.c.c.
枸杞	1大匙	中筋麵粉	200克				

◎做法

1. 把全麥麵粉、中筋麵粉、泡打粉置於大碗中，一邊慢慢加入混合酵母的好水，一邊揉捏成麵糰。
2. 將小米先用熱水泡10分鐘後，與松子、黑芝麻、枸杞、黑糖一同倒入大碗中，均勻混入麵糰。
3. 麵糰放至陰涼處，待醒麵20分鐘。
4. 將麵糰揉成圓形，放進電鍋中蒸30分鐘即可。

拌什錦

◎材料

茭白筍	1支	黑木耳	20克	香菜	1株	醬油	1小匙
金針菇	20克	辣椒	1支	烏醋	1小匙	麻油	1/2小匙

◎做法

1. 將茭白筍、黑木耳洗淨過水汆燙後，與辣椒一同切成細絲備用。
2. 香菜洗淨後，切成約1公分小段。
3. 備一鍋滾水，將金針菇過水汆燙至熟軟，撈起備用。
4. 取一大碗，將所有材料投入拌勻即可。

黃豆芽湯

◎材料

黃豆芽	50克	健康防癌高湯或好水	1000c.c.
青蒜	1根	竹鹽	少許

◎做法

1. 將青蒜洗淨後，切成碎段。
2. 黃豆芽洗淨後，投入煮沸的高湯中，煮約15分鐘至熟軟便熄火。
3. 將湯起鍋裝碗後，撒下青蒜段、竹鹽即可。

＊餐間水果-葡萄＊

葡萄是對腎、內分泌、泌尿生殖系統都很好的食物，但必須連果肉、皮、籽一起食用。更含有各種具防老抗病效果的多酚類，其最營養的部分，就是皮上那層白色的「葡萄多酚」，即是很好的抗癌元素之一。而葡萄中的葡萄糖和鐵質，則可以恢復體力、預防貧血。另外葡萄亦能幫助清除肝、腎、腸、胃、心血管的廢物毒素。

DAY 3 午餐 · Lunch ·

DAY 3

晚餐 · Dinner ·

黑白飯

材料
- 薏仁……1杯
- 白果……9粒
- 紫米……1杯
- 糙米……1杯

做法
1. 將薏仁浸好水2小時，糙米浸好水4小時，白果浸熱水至微軟。
2. 把所有材料倒於電鍋內鍋中，加入5杯好水。
3. 將內鍋放至電鍋中，外鍋加水半杯，煮約20分鐘即可。

番茄海苔沙拉

材料
- 大番茄……200克
- 海苔……2片
- 松子……1大匙

做法
1. 將大番茄洗淨後，分別切成4片，置於盤中。
2. 把海苔片剪成細絲，撒在番茄片上。
3. 最後將松子撒於盤中即可。

素味湯

材料
- 玉米筍……4支
- 四季豆……5支
- 紅蘿蔔……30克
- 健康防癌高湯或好水……250c.c

做法
1. 將玉米筍、四季豆洗淨後，切成對半備用。
2. 紅蘿蔔洗淨後，切成薄片備用。
3. 於鍋中把高湯煮沸，先投入紅蘿蔔煮至微軟後，再放玉米筍、四季豆。
4. 待再次煮至沸騰，在起鍋前放入竹鹽即可。

DAY 4

早餐 · Breakfast ·

健康蔬果汁

材料
葡萄……60克
西洋芹……60克
山藥……40克
好水……300c.c.

做法
1. 將葡萄洗淨後，備用。
2. 把西洋芹剝開洗淨後，切成小塊備用。
3. 準備山藥，須連皮刷洗乾淨，去除斑點。
4. 最後將所有材料放入果汁機中，打勻即可。

附註 若將以上食材打成果汁，可加入適當檸檬、蜂蜜、黑白芝麻、酵母B群、卵磷脂、松子（或腰果），以及植物綜合酵素、全然穀粉、鈣源或植物種子纖維等，效果更佳。

地瓜蔬菜沙拉

材料
地瓜……100克
核桃……1大匙
紅甜椒……20克
西洋芹……30克
梅汁……1小匙

做法
1. 將地瓜切成3公分大小塊狀，紅甜椒切細絲。
2. 備一鍋滾水，投入地瓜塊煮至熟軟，撈起備用。
3. 西洋芹洗淨後取中段約20公分長，切成約3公分的小段。
4. 將地瓜塊、紅甜椒、核桃、西洋芹舖在盤中，淋上梅汁即可。

糙米飯

材料
糙米……2杯
健康防癌高湯……2杯

做法
1. 糙米以好水浸泡4小時，將水濾除。
2. 將糙米、高湯倒入電鍋內鍋中，把內鍋置於電鍋中，外鍋加好水半杯，煮約20分鐘即可。

重要的地瓜

千萬不要小看地瓜，它可是排毒餐裡最重要的一個部分，也就是說，你什麼都可以不吃，但一定要吃地瓜！

這是因為地瓜不但高纖低脂，還擁有非常豐富完整的礦物質、維生素及胺基酸，幾乎涵蓋了人體大部分需要的成分。根據日本癌症醫學研究所列舉排名前20項的抗癌食物中，熟地瓜為第一名，生地瓜則為第二名，可以看出地瓜的營養價值對於人體健康的貢獻。並且，黃肉的地瓜會比紅肉的能量更高。

地瓜的烹調可以是用蒸的或烤的，當在氣溫15℃以下的時候，可以烤來吃；在15℃以上的時候，則用蒸的。不過千萬別忘了，吃地瓜的時候一定要連皮吃。

營養蓋飯

材料

西洋芹	1支	南瓜	50克	竹鹽	少許
洋菇	3朵	糙米	1杯		
玉米粒	1大匙	健康防癌高湯或好水	120c.c.		

做法

1. 將糙米倒入電鍋內鍋中，以清水稍微沖洗後，倒入1又1/2杯好水。
2. 把內鍋置於電鍋中，外鍋加好水半杯，煮約20分鐘即可裝碗備用。
3. 西洋芹洗淨後，切成約3公分小段備用。
4. 洋菇洗淨後對半切，南瓜切成約3公分小塊。
5. 平底鍋熱鍋後，投入高湯、西洋芹、洋菇、玉米粒、南瓜、竹鹽。
6. 待所有材料煮至熟軟，即可起鍋淋在飯上。

長豆菜捲

材料

長豆	50克	芝麻醬	適量
萵苣	30克		

做法

1. 長豆切成約10公分的長段，過滾水汆燙至熟，備用。
2. 將萵苣葉展開，放入3根長豆及少許芝麻醬，再將萵苣葉捲起即成菜捲。
3. 依此做法，陸續完成所有菜捲即可。

香菇海帶湯

材料

乾香菇	30克	薑絲	10克
海帶芽	30克	竹鹽	少許
健康防癌高湯	500c.c.		

做法

1. 先將乾香菇泡水至軟，備用。
2. 高湯於鍋中煮沸，放入香菇、海帶芽、薑絲、竹鹽，煮沸滾約10分鐘，即可熄火起鍋。

＊餐間水果-桃子＊

桃子汁多味美，除含有較多的糖類、維生素及脂肪外，還含豐富且易於人體吸收的有機酸，可以促進食慾及消化液的分泌，而纖維及果膠，可以增加腸胃蠕動，幫助消化。另外，桃子中所含的礦物質也相當多，像鐵對造血功能有很大的助益，而鉀則可以利尿消腫。

DAY 4 午餐 · Lunch ·

DAY 4 晚餐 · Dinner ·

小米飯

材料
小米……1杯
糙米……1杯

做法
❶將糙米、小米倒入電鍋內鍋中，以清水稍微沖洗後，倒入3杯水。
❷把內鍋置於電鍋中，外鍋加水半杯，煮約20分鐘即可。

開胃沙拉

材料
海帶絲……30克
大黃瓜……60克
洋蔥……30克
紅辣椒……半匙
麻油……1/2小匙
烏醋……1小匙
醬油……1小匙

做法
❶將大黃瓜、洋蔥、紅辣椒洗淨後，切細絲備用。
❷海帶絲過熱水汆燙，瀝乾備用。
❸取一大碗，放進所有材料，攪拌均勻即可。

豆腐強身湯

材料
豆腐……1塊
芥菜……50克
紅蘿蔔……30克
健康防癌高湯或好水……250c.c.
竹鹽……少許

做法
❶將芥菜洗淨後，切約3公分小段備用。
❷豆腐切小塊，紅蘿蔔切絲，備用。
❸準備一個小鍋將高湯煮沸，投入紅蘿蔔煮軟後，再依序放入豆腐、芥菜。

DAY 5 早餐 · Breakfast ·

補血蔬果汁

材料

紅葡萄	15顆
西洋芹	30克
紅蘿蔔	50克
好水	200c.c.

做法

❶ 將西洋芹、紅蘿蔔洗淨後，切成小塊。

❷ 把所有材料放進果汁機中，攪拌均勻即可。

附註 身體不能吸收纖維質者，可在飲用蔬果汁前先濾渣，或以榨汁的方式吸收原汁。

地瓜紅棗糙米飯糰

材料

地瓜	60克
紅棗	2大匙
糙米	1杯

做法

❶ 地瓜洗淨後，切成約1公分的小塊備用。

❷ 在電鍋內鍋中放進糙米、紅棗，以清水沖洗後，加進地瓜及2杯好水。

❸ 將內鍋放進電鍋中，蒸約45分鐘後取出待涼。

❹ 以飯杓挖取適量於手掌中，搓揉成一口大小的圓形飯糰。

❺ 可依個人食量製作數量不等的飯糰。

光常的叮嚀

吃排毒早餐的最佳時間

排毒早餐什麼時候吃，所產生的效果會最好呢？早上六點半到七點半之間吃的效果最好。更進一步的解釋，則是對慢性病患來說，是在早上六點半到七點之間吃；而對一般保健者來說，是在早上六點到七點半之間吃。這是為什麼呢？因為這跟我們身體器官的運作時辰有關，上帝創造我們這個身體很奇妙，每一個器官都有它特定發揮的時間，個體照著個體的功用，彼此相助。而早上五到七點正是大腸經的時間，也就是大腸蠕動最激烈的時間。

所以養成規律飲食的習慣之後，當排毒早餐一吃完，就會讓人想上廁所，消除不順暢的排便困擾。

清潤冷湯麵

材料

健康高纖麵	80克	健康防癌高湯或好水	300c.c.
海帶芽	30克	味噌	1小匙
白芝麻	1大匙		

做法

1. 將高湯倒至碗中。
2. 備一鍋滾水，將麵條均勻放入水中，用慢火煮6分鐘後放進海帶芽。
3. 待再次滾後即熄火，將麵條及海帶芽撈起放進碗中，再放入味噌、撒上白芝麻即可。

蒜泥燙莧菜

材料

莧菜	50克	竹鹽	少許
蒜頭	80克	薑泥	10克
麻油	1/2小匙		

做法

1. 將莧菜洗淨後，放進滾水中汆燙。
2. 撈起莧菜瀝乾後，切成約7公分長段。
3. 把蒜頭去皮後切成塊丁，與麻油、竹鹽、薑泥一同與莧菜拌勻即可。

有味菜

材料

雪菜	30克	紅辣椒	1根
毛豆	30克	冷壓橄欖油	5滴

做法

1. 雪菜洗淨後切成約1公分小段，備用。
2. 備一鍋滾水，投入毛豆汆燙，再放入雪菜燙1分鐘，撈起瀝乾。
3. 辣椒切丁，與雪菜、毛豆、橄欖油攪拌均勻即可。

＊餐間水果-西瓜＊

西瓜是所有瓜果中含汁量最豐沛的，在夏日來一片冰涼多汁的西瓜，不但可以消暑解渴，還能補充流失的水分。吃西瓜的時候要注意，要將紅色果肉與白色內層、籽一起打果汁喝。而且西瓜所含的營養豐富，不但包含人體大部分所需的營養成分，包括糖類、維生素、有機酸及礦物質，在西瓜汁中還含有一種利尿元素，可以增加腎臟的機能。

DAY
5
午餐 · Lunch ·

DAY 5 晚餐 · Dinner ·

補氣紫米飯

材料

- 紫米……2杯
- 粽葉……2片

做法

1. 粽葉洗淨，剪成10公分長的葉片數段備用。
2. 將紫米放進電鍋內鍋洗淨後，再加入3杯好水，蒸煮至熟。
3. 待飯稍涼，以飯杓挖取適量放於粽葉上，將粽葉捲起即成紫米捲。
4. 依個人需求完成數個紫米捲。

清肺蘿蔔絲

材料

- 白蘿蔔……50克
- 柳橙……1顆

做法

1. 取柳橙放在磨皮器上，磨下柳橙皮備用。
2. 將取皮後的柳橙對切開，搾出柳橙汁。
3. 白蘿蔔洗淨後，切成細絲。
4. 把白蘿蔔絲、柳橙皮、柳橙汁放進大碗中，攪拌均勻即可。

燴什錦

材料

- 健康防癌高湯或好水……80 c.c.
- 海帶根……30克
- 黃甜椒……1/2顆
- 紅甜椒……1/2顆
- 樹薯粉……10克
- 薑……20克

做法

1. 將黃甜椒、紅甜椒洗淨後，切成細絲備用。
2. 以磨薑器把薑磨成薑泥，備用。
3. 將高湯煮沸後，先加入海帶根煮至沸騰，起鍋前放甜椒，最後以樹薯粉調水勾欠即可。

番茄玉米湯

材料

- 大番茄……1顆
- 玉米……1根
- 青豆仁……1大匙
- 健康防癌高湯或好水……1000c.c.

做法

1. 番茄洗淨後，切成薄片備用。
2. 玉米去皮洗淨後，切片備用。
3. 將高湯倒於鍋中煮沸，放入番茄、玉米，待再次煮沸放入青豆仁，即可熄火。

附註 玉米剝皮時，需保留玉米鬚不要去除，並一同煮湯。

DAY 6 早餐 · Breakfast ·

降壓蔬果汁

材料

- 紅蘿蔔 …… 60克
- 西洋芹 …… 60克
- 蘋果 …… 100克
- 好水 …… 200c.c.

做法

1. 以好水沖洗食材，若再以蔬果解毒機處理則更佳。
2. 把材料切成小塊後，與好水一同放入果汁機中打成果汁。

附註 另可加入適當檸檬、蜂蜜、黑白芝麻、酵母B群、卵磷脂、松子（或腰果），以及植物綜合酵素、全然穀粉、鈣源或植物種子纖維等，效果更佳。

地瓜濃湯

材料

- 地瓜 …… 2顆
- 健康防癌高湯或好水 …… 500c.c.
- 竹鹽 …… 少許
- 薑 …… 3片

做法

1. 將1顆地瓜切塊，與高湯500c.c.一同裝於果汁機中，攪拌均勻。
2. 將另1顆地瓜洗淨後，切細絲備用。
3. 將高湯與地瓜汁一同倒於鍋中煮沸，再加入地瓜絲、竹鹽、薑片，以小火煮滾約10分鐘即可。

蔬菜米漢堡

材料

- 結球萵苣 …… 50克
- 番茄 …… 1顆
- 糙米 …… 2杯

做法

1. 將糙米裝於電鍋中，內鍋加好水3杯，外鍋加好水1杯，煮至開關跳起。
2. 番茄切片，萵苣切絲，備用。
3. 將平底鍋以小火熱鍋，用飯杓挖取適量糙米飯，分別煎成兩塊米板。
4. 將一片米板置於盤中，取2片番茄、適量萵苣置於其上，再將另一片米板蓋上即可。

＊光常的叮嚀＊

排毒中的身體反應

有些人在開始食用排毒餐的數天後，會出現好像有副作用一般不舒服，其實，這正是來自於身體機能好轉的「好轉反應」。也就是因為攝取排毒餐之後，食物中的各式營養素開始進入人體，而身體在得到這些均衡的營養素之後，細胞開始活化以排除毒素廢物所產生的現象，而這種現象在中醫則稱為「瞑眩反應」。

一般而言，病的愈重，好轉反應也就愈強烈。每個人產生好轉反應的時期、時間長短與出現的反應皆不同，在出現好轉反應的期間，千萬要堅持下去，不要半途而廢。

常見的反應現象：

頭痛　目眩　發熱　關節痛　嘔吐　呼吸困難　痘痘增加　拉肚子　虛弱　多尿　皮膚敏感　不想動　神經緊張　易發脾氣　消極　憂鬱

乾拌高纖健康麵

材料

高纖健康麵	80克	味噌	1小匙
黑芝麻	1小匙	絲瓜	1條

做法

❶ 將高纖健康麵均勻放入滾水中，用慢火煮約6分鐘後，撈起備用。
❷ 絲瓜去皮後，切成小塊，放入滾水中，汆燙至熟撈起。
❸ 把高纖健康麵、絲瓜、黑芝麻、味噌於大碗中攪拌均勻即可。

開胃沙拉

材料

鳳梨	50克	香菜	1株	梅汁	1小匙
豌豆莢	30克	紅甜椒	1顆	梅醋	1小匙

做法

❶ 鳳梨去皮、紅甜椒洗淨後，切成約1公分大小的塊狀備用。
❷ 豌豆莢洗淨，過滾水燙後，撈起瀝乾，切成小段備用。
❸ 香菜洗淨後，切成小段備用。
❹ 取一大碗，將所有材料放入，攪拌均勻即可。

附註 鳳梨皮的酵素與礦物質含量特高，可打果汁飲用。

潤腸秋葵湯

材料

秋葵	50克	健康防癌高湯或好水	500c.c.
海帶結	30克	竹鹽	少許
紅蘿蔔	30克		

做法

❶ 秋葵洗淨後，對半斜切備用。
❷ 紅蘿蔔洗淨後，切成薄片備用。
❸ 取一鍋子，倒進高湯煮沸後，放入海帶結、紅蘿蔔待再次滾沸，於起鍋前加入秋葵、竹鹽即可熄火。

＊餐間水果-梨＊

梨吃起來的口感清脆多汁，素有「百果之宗」的美譽。自古以來，梨就被用作清心潤肺的藥膳水果，具有化痰止咳的助益，而梨皮則對肝臟有益，可降肝火、清肝毒。更別說梨含有多種有機成分、礦物質及纖維素，不但能降低膽固醇，還可刺激腸壁，解除便秘症狀。

DAY 6 午餐 · Lunch ·

DAY 6 晚餐 · Dinner ·

補脾糙米糕

材料

- 紫米……1杯
- 松子……1/2杯
- 生花生……1/2杯
- 白糯米……1/2杯
- 冷壓橄欖油……1小匙
- 竹鹽……少許

做法

1. 紫米、白糯米洗淨後，以好水浸泡約1小時。
2. 再均勻拌入松子、花生，並加入2杯好水，分別盛進小碗中。
3. 將小碗移入電鍋中，外鍋加水1杯蒸至開關跳起。
4. 把已蒸熟的米糕取出，加入橄欖油、竹鹽拌勻成糰即可。

抗癌清炒菜

材料

- 包心菜芽……50克
- 白花菜……100克
- 冷壓橄欖油……1大匙
- 竹鹽……少許

做法

1. 將包心菜芽、白花菜洗淨後，切成小塊。
2. 取一平底鍋，以中火熱鍋後，投入白花菜，並加入1/2杯水。
3. 再放包心菜芽，蓋上鍋蓋悶煮約3分鐘，熄火起鍋前拌入橄欖油、竹鹽即可。

雙色蘿蔔湯

材料

- 紅蘿蔔……50克
- 白蘿蔔……50克
- 蘆筍……50片
- 味噌……2小匙
- 健康防癌高湯或好水……1000c.c.

做法

1. 將紅蘿蔔、白蘿蔔切片，蘆筍切小段，備用。
2. 把高湯倒進鍋中，煮沸後投入紅蘿蔔、白蘿蔔。
3. 待再次煮沸，放入蘆筍、味噌，攪拌均勻後即可熄火。

DAY 7

早餐 · Breakfast ·

甜心蔬果沙拉

材料

萵苣……120克
紅甜椒……50克
玉米粒……50克

做法

1. 將萵苣一片片剝下洗淨後，以手剝成小片，置於盤內。
2. 紅甜椒去子洗淨後，切成細絲裝盤。
3. 玉米粒以熱水汆燙後，撒於盤中即可。

附註

1. 玉米亦可生食。
2. 若將以上食材打成果汁，可加入適當檸檬、蜂蜜、黑白芝麻、酵母B群、卵磷脂、松子（或腰果），以及植物綜合酵素、高纖穀粉、鈣源或植物種子纖維等，效果更佳。

滋潤養生湯

材料

生酪梨……60克
地瓜……60克
健康防癌高湯或好水……300c.c.
竹鹽……少許

做法

1. 將生酪梨、地瓜切成小丁，備用。
2. 取一鍋子將高湯煮沸，投入生酪梨、地瓜，待再次滾沸加竹鹽，即可熄火。

附註 若買到熟酪梨，則不必待煮熟，只須在起鍋前放入湯中即可。

健康饅頭

材料

腰果……1杯
葡萄乾……1/2杯
中筋麵粉……200克
全麥麵粉……50克
酵母粉……5克
泡打粉……3克
好水……180 c.c.
高纖穀粉……50克

做法

1. 腰果壓碎，成細小顆粒。
2. 取一大盆，放入全麥麵粉、中筋麵粉、泡打粉與酵母粉，加好水攪拌搓揉。
3. 再將腰果、葡萄乾、高纖穀粉倒入盆中，搓揉均勻成麵糰。
4. 以濕布覆蓋盆上，置放約1小時20分鐘，待麵糰發起。
5. 將麵糰再揉成長條形，切小段，放入電鍋內蒸約15分鐘即可。

＊光常的叮嚀＊

吃飯細嚼慢嚥　贏得好腦力

吃飯時記得要每一口要咬30下，千萬不要狼吞虎嚥。這是因為越咬會越健康！越咬越年輕！越咬牙齒會越好！可以試著作一個實驗：把手放到太陽穴上，然後咬動，會發現太陽穴在動。這就是因為在咀嚼的時候，讓腦部也有在運動，加強大腦活化，讓小孩腦筋發育好，讓長者遠離老人痴呆症。

而且，咀嚼時嘴中會產生大量的唾液，而唾液裡面不但有酵素消化酶，幫助胃的吸收，還擁有很強的消毒功能，可以殺滅食物中的致癌物質。

咀嚼亦有助於壓力的宣洩，因為透過咀嚼食物的過程，能夠解放身體裡的龐大壓力，帶來身心的快感與滿足。

防癌薏仁湯飯

材料

萵苣	30克	薏仁	1/2杯
香菇	5朵	糙米	1杯
海苔	2片	健康防癌高湯或好水	2000c.c.

做法

1. 萵苣洗淨後，切絲備用。海苔切絲備用。
2. 香菇泡軟洗淨後，切成細絲。
3. 取一鍋子，倒入高湯、香菇、薏仁、糙米，用大火熬煮至沸騰後，改以小火燉40分鐘。
4. 起鍋盛碗後，撒上萵苣、海苔即可。

補鈣珊瑚菜

材料

珊瑚草	10克	好水	200c.c.
黃豆	1大匙	味噌	少許
薄荷葉	2片		

做法

1. 珊瑚草先用溫水泡軟，切段備用。
2. 薄荷葉洗淨後，切絲備用。
3. 黃豆先浸泡好水4小時，以大火滾後撈去浮起的黃豆皮，再用中火煮至熟軟成泥。
4. 將珊瑚草、黃豆泥、薄荷葉攪拌均勻即可。

解熱白玉湯

材料

苦瓜	50克	健康防癌高湯或好水	250c.c.
鳳梨	50克		

做法

1. 鳳梨去皮後，與苦瓜一同切成細長條，鳳梨皮另切成大塊，備用。
2. 把高湯倒進鍋中煮沸，先加入鳳梨皮熬煮約10分鐘，再加入苦瓜、鳳梨，煮至沸騰，即可熄火。
3. 將鳳梨皮撈出去除，其餘裝碗食用。

＊餐間水果-番茄＊

又比小番茄好。番茄不但低熱量、高纖維，其中含量豐富的維生素及茄紅素對身體更是有非常大的助益。尤其茄紅素是強力的抗氧化劑，不但對骨質疏鬆症有預防的作用，最主要的是它能夠延遲老化，並降低癌症的危害。且番茄含鉀量高，同樣具有降血壓的功能。

DAY 7 午餐 · Lunch ·

DAY 7 晚餐 · Dinner ·

馬鈴薯披薩

材料
- 青椒……30克
- 馬鈴薯……250克
- 埃及豆……1大匙
- 樹薯粉……1大匙
- 聖女小番茄……50克

做法
1. 先把埃及豆放入滾水中煮熟，瀝乾備用。
2. 備一鍋滾水，將馬鈴薯放入滾水中煮至熟透，撈起放涼。
3. 用大湯匙將馬鈴薯搗成泥，並混入樹薯粉後，以桿麵棍壓製成圓形麵皮。
4. 將番茄切成片，青椒切成丁，與埃及豆一同均勻鋪於麵皮上。
5. 用叉子沿著麵皮周圍一圈，輕輕壓出痕跡。
6. 麵皮放進烤箱，以250°C烤15分鐘，至表面成金黃色即可。

減壓蔬菜湯

材料
- 紫高麗……50克
- 洋菇……5朵
- 迷迭香……少許
- 芹菜……30克
- 健康防癌高湯或好水……500c.c.
- 竹鹽……少許

做法
1. 將紫高麗、芹菜洗淨後，切段備用。
2. 洋菇洗淨後，切對半備用。
3. 把高湯倒進鍋子中煮沸，放入紫高麗、芹菜、洋菇，至再次沸騰即熄火。
4. 最後起鍋前趁熱拌入迷迭香、竹鹽即可。

瘦身生菜捲

材料
- 白肉山藥……50克
- 萵苣……50克
- 梅汁……1小匙
- 梅醋……1小匙

做法
1. 將山藥去皮後，切成細長條放入好水中浸10分鐘，再放梅汁、梅醋漬1小時。
2. 把萵苣葉片摘下洗淨，備用。
3. 取一片萵苣葉平放在桌上，把2條山藥擺在葉片中間，再把萵苣葉片捲起。
4. 陸續完成其他生菜捲即可。

DAY 8 早餐 · Breakfast ·

開胃番茄

材料 番茄……50克
梅子……2粒

做法 將番茄洗淨後瀝乾，加入梅子一同擺放碗中即可。

暖身地瓜薑湯

材料 地瓜……120克
嫩薑……30克
好水……500c.c.
肉桂粉……1小匙

做法
1. 將地瓜切塊，嫩薑切絲備用。
2. 將一鍋好水煮沸後，投入地瓜、嫩薑煮至沸騰，起鍋前撒上肉桂粉即可。

多纖捲壽司

材料 小黃瓜……60克
牛蒡……50克
小米……1/2杯
梅汁……2大匙
糙米飯……1杯
壽司海苔……1片

做法
1. 小黃瓜縱切成長條，用少許竹鹽搓揉，再用好水洗去鹽分。
2. 牛蒡用刷子清除表皮泥土，用薄刀削成薄片，並過加竹鹽的熱水汆燙1分鐘後，撈起漬梅汁30分鐘。
3. 取一海苔平鋪竹簾上，用飯杓將糙米飯均勻鋪在上面。
4. 將小黃瓜、牛蒡各2片放置在整片海苔的約2/5處，4/5和5/5為接合處。
5. 慢慢捲起竹簾，將海苔捲起，直至捲完。

附註 牛蒡的纖維高，生食對大腸功能不好的人消化不易，可以先用果汁機打碎，或事先燙熟，也可以連皮熬湯，以從湯汁中吸取牛蒡含有的礦物質。

＊光常的叮嚀＊

食物纖維吃不夠 小心大腸癌

當吃了太多精緻食品之後，會使我們嚴重缺乏纖維素，導致消化道的功能失調。

所謂纖維素就是存在於植物中，不能被人體消化道的酵素分解吸收，也沒有熱量或養分的食物成分。但是纖維素卻可以促進腸道的蠕動，縮短消化物經過腸道的時間，還可以吸附多種致癌或有害物質，增加膽固醇與脂類的排出，因而大大降低了大腸癌、直腸癌、結腸癌的發生機率。

而且攝取足夠的纖維素，可以延緩胃的排空，增加飽足感，有助於體重控制。還有減少膽固醇和三酸甘油酯的吸收、減少蛀牙的形成等優點。

苗條養生糕

材料

燕麥粉	1杯	葵瓜子	1大匙	好水	200c.c.
綠豆仁	1/2杯	高筋麵粉	1/2杯		
南瓜子	1大匙	全麥麵粉	1/2杯		

做法

❶ 把綠豆仁、好水一同倒進果汁機中，攪拌均勻。
❷ 將全麥麵粉、燕麥粉、南瓜子、葵瓜子混合後，慢慢加綠豆水調成麵糰。
❸ 將麵糰揉捏成直徑約5公分的圓餅，擺盤放進電鍋內，以1杯好水蒸至開關跳即可。

高纖牛蒡絲

材料

牛蒡	50克
白芝麻	1大匙

做法

❶ 牛蒡切細絲，用熱水。
❷ 與白芝麻拌勻即可。

提神醒腦沙拉

材料

大番茄	1顆	花生粉	1大匙
豆苗	30克	梅汁	1小匙

做法

❶ 豆苗洗淨後瀝乾，放進碗中。
❷ 大番茄洗淨後，切成四片擺進碗中。
❸ 最後撒上花生粉、梅汁即可。

消脹鮮味湯

材料

海帶	30克	竹筍	30克	薑片	3片
白蘿蔔	30克	健康防癌高湯或好水	500c.c.	竹鹽	少許

做法

❶ 海帶先用水泡軟，切段備用。
❷ 白蘿蔔、竹筍洗淨後，切薄片備用。
❸ 將高湯倒進鍋中煮沸，放進所有材料後，以小火煮沸滾約10分鐘，即可熄火。

＊餐間水果－奇異果＊

酸酸甜甜的奇異果含有豐富的維生素C且卡路里低，是眾所皆知的事，不過奇異果還含有維生素E、精胺酸、多醣體、多酚類、銅、鐵等有效的強力抗氧化物質，能預防和對抗癌症及心血管疾病，提昇人體免疫力。而且奇異果中還含有高量的膳食纖維，可以促進腸胃蠕動，達到體內環保的功效。

DAY 8 午餐 · Lunch ·

DAY 8 晚餐 · Dinner ·

健胃玉米泥

材料

黃豆……30克
馬鈴薯……120克
玉米……50克
萵苣……30克
味噌……1小匙
胡椒粉……1/2小匙

做法

1. 備一鍋滾水，放入馬鈴薯煮至熟透，即可撈起放涼。
2. 再把黃豆、玉米倒進滾水中燙1分鐘，撈起瀝乾備用。
3. 馬鈴薯去皮後，以大湯匙搗成泥，再混入黃豆、味噌、胡椒粉攪拌均勻。
4. 萵苣洗淨後切成絲，鋪於盤上，再放置薯泥即可。

碧綠銀絲捲

材料

羅美生菜……100克
豆芽……50克
米醋……1小匙
醬油……1小匙
麻油……1/2小匙

做法

1. 豆芽洗淨後，以滾水汆燙至熟，即撈起瀝乾。
2. 把豆芽與米醋、醬油、麻油一同拌勻。
3. 將生菜一片片剝下，洗淨備用。
4. 取一片生菜平鋪在盤上，取適量豆芽於葉片中間，再將生菜捲起即可。

心肝保健湯

材料

生地……30克
玉米筍……50克
海帶芽……30克
健康防癌高湯或好水……1000c.c.
竹鹽……少許
烏醋……1小匙

做法

1. 將玉米筍切半，備用。
2. 將高湯倒於鍋子中煮沸後，放進所有材料煮至沸騰，以小火滾20分鐘即可。

DAY 9 早餐 · Breakfast ·

蔬菜健身沙拉

材料

- 蘆筍……30克
- 南瓜……30克
- 蘋果醋……1小匙
- 梅汁……1小匙

做法

1. 蘆筍洗淨後，切長約7公分段備用。
2. 南瓜洗淨，切一口大小，備用。
3. 備一鍋滾水，將材料投入燙1分鐘，撈起瀝乾後與蘋果醋、梅汁拌勻即可。

地瓜消化酥餅

材料

- 地瓜……120克
- 地瓜粉……100克
- 竹鹽……少許

做法

1. 把地瓜蒸熟後去皮，趁熱壓成泥，備用。
2. 將地瓜粉、竹鹽放入地瓜泥中，拌勻成麵糰。
3. 麵糰搓成長條，並分成數段，用桿麵棍壓製成適當的厚片。
4. 平底鍋先用中火熱鍋，放進厚片，煎至兩面皆成金黃色即可。

杏果潤肺糙米粥

材料

- 杏仁……30克
- 薏仁……1/2杯
- 奇異果……1顆
- 糙米……1杯
- 健康防癌高湯或好水……600c.c.

做法

1. 奇異果切成小丁，備用。
2. 杏仁放進密封袋中，用刀背或搥肉器敲成碎顆粒。
3. 取一個鍋子，將高湯倒進煮沸後，再倒入糙米、薏仁，以小火熬煮成粥。
4. 熄火後，於粥中加入杏仁、奇異果，攪拌均勻即可。

附註 若想增加變化，可以用些水果乾拌在粥中。

光常的叮嚀

要吃當地當季水果

中醫典籍裡我們可以看到，中醫把人生病的原因歸為三類：一個叫內因，一個是外因，一個叫不內外因。內因就是情緒憂思悲恐驚，即情緒會影響到整個身體的病情。外因就是外面氣候的變化—風暑濕燥寒火，當人一旦不能適應氣候變化就會生病了。第三個不內外因，即是外傷、意外、飲食等等。而大部分的人容易受到外在變化而生病，一個很重要的原因就是，沒有吃當地當季的食物。

所有的蔬果產品，都有不同的種植及採收時節，不過在農業科技的輔助下，現代人可在四季隨時品嘗到各式蔬果。但是，食物的生長應當是有一定的規則，會隨著四季的變化而有所不同，所以人們應當照著大自然的節奏取食，才符合自然律動。

元氣黑米粽

材料

紫米	2杯	香菜	1株	棉線	1條
芋頭	1顆	健康美味粉	2小匙		
腰果	1大匙	粽葉	2片		

做法

1. 紫米洗淨後泡水1小時，備用。
2. 芋頭蒸熟後，去皮搗成泥，並均勻拌入腰果。
3. 將芋頭泥揉捏成長條，切段備用。
4. 把2片粽葉彎成三角圓錐形，盛入2大匙的紫米，放入芋頭泥，再蓋上1匙紫米。
5. 將上端粽葉往下覆蓋包住內餡，用棉線繞三圈後打上活結，即可放入電鍋中蒸熟。
6. 香菜洗淨後切小段，與健康美味粉一同作為沾料。

附註 可依材料比例一次多作數個。未食用完的粽子可在放涼後立即放入冷凍庫中保存，若要食用只要再從冷凍庫中取出加熱即可。

黃金沙拉

材料

玉米筍	30克	小黃瓜	1根
玉米粒	1大匙		

做法

1. 將小黃瓜切成長條，玉米筍對切。
2. 玉米粒、玉米筍以滾水汆燙2分鐘，撈起瀝乾。
3. 將所有材料裝盤即可。

附註 玉米筍亦可以用秋葵替代。

降壓丸子湯

材料

豆腐	1塊	九層塔	10克	味噌	1小匙
紫菜	10克	健康防癌高湯	1000c.c.	地瓜粉	1小匙

做法

1. 豆腐放進麵粉袋中，用力擠出水分，直到擰不出水為止。
2. 取出豆腐與味噌、地瓜泥拌成豆泥，捏成丸子大小，分別放進煮滾的高湯中。
3. 最後放進紫菜，待再次沸騰即熄火，並趁熱放入九層塔即可。

＊餐間水果-楊桃＊

楊桃在傳統藥用植物學上稱為「五斂子」，被認為是可以驅暑降火、生津止渴且潤喉順氣的一種水果，對呼吸道感染的症狀有很好的消除效果。其實楊桃含有豐富的水分、維生素A、B1、B2、C，以及纖維素、糖類、有機酸、微量脂肪、蛋白質等，還可以幫助解決消化不良、脹氣打嗝等消化問題。

DAY 9 午餐 · Lunch ·

DAY 9 晚餐 · Dinner ·

紅豆高纖饅頭

材料

材料	份量	材料	份量
全麥麵粉	50克	泡打粉	2克
中筋麵粉	200克	好水	150c.c.
酵母粉	3克	高纖穀粉	50克
紅豆	10克		
溫水	1杯		

做法

1. 紅豆先浸好水2小時，加熱煮軟後一同放進果汁機中打勻。
2. 取一大盆，放入全麥麵粉、中筋麵粉、高纖穀粉、酵母粉、紅豆水搓揉均勻成麵糰。
3. 以濕布覆蓋盆上，置放約一小時，待麵糰發起。
4. 將麵糰再揉成長條形，切小段，放入電鍋內蒸約15分鐘即可。

附註 可依材料比例增加，一次作數個，未食用完的饅頭可在涼後立即放入冰箱保存，若要食用只要取出再蒸過即可。一般來說，冷凍約可保存30天，冷藏約可保存3天。

冬菇竹笙湯

材料

冬菇……6朵
竹笙……10克
健康防癌高湯或好水……1000c.c.

做法

1. 先把竹笙、冬菇泡好水，發透後，將竹笙切段備用。
2. 將高湯倒於鍋中煮沸，放進竹笙、冬菇，以小火煮約20分鐘即可熄火。

三椒沙拉

材料

青椒……30克
紅甜椒……30克
黃甜椒……30克
核桃……10克
梅汁……1小匙
梅醋……1小匙

做法

1. 將青椒、紅甜椒、黃甜椒洗淨後，切成細絲置於盤中。
2. 最後擺放上核桃，淋上梅汁、梅醋即可。

DAY 10

早餐 · Breakfast ·

西洋梨

材料 西洋梨……1顆

做法
1. 將西洋梨洗淨。
2. 再用蔬果解毒機處理，連皮吃。

蔬菜美白沙拉

材料
青花菜……50克
白蘿蔔……30克
梅子醬……2小匙

做法
1. 將青花菜洗淨後切成小塊，過滾水汆燙後，撈起瀝乾裝於盤中。
2. 把白蘿蔔刨絲，置於盤中，淋上梅子醬即可。

益氣地瓜飯

材料
地瓜……60克
糙米……2杯

做法
1. 地瓜洗淨後，切成細段備用。
2. 糙米倒於電鍋內鍋中，以好水沖洗後，加入3杯好水及地瓜。
3. 將內鍋置於電鍋中，蒸約20分鐘即可。

＊光常的叮嚀＊

吃蔬果不剝皮

許多人在作菜時會把蔬果的皮削掉，譬如紅蘿蔔、山藥、牛蒡、南瓜、馬鈴薯、香瓜、水梨等等。但你可能不知道，其實蔬果的外皮是最營養的東西，因為大部分的果肉都是酸性的，而果皮跟蔬菜的皮都是鹼性的。也就是說，蔬果的每一個部分都具有不同的營養價值，不論是皮、果肉、根莖或葉子，要一同食用才能酸鹼平衡，發揮最大的效果。

＊檸檬－檸檬皮中的果膠可以降低膽固醇。

＊香蕉－香蕉皮對心臟有益。

＊芹菜－芹菜葉含甘露醇具有保健作用。

＊柳橙－柳橙皮內的白色部分對呼吸系統有益。

番茄燴飯

材料

糙米	2杯	玉米筍	3根
大番茄	60克	樹薯粉	1小匙
白蘿蔔	40克		

做法

❶ 將糙米加入3杯好水後，放進電鍋中煮熟。
❷ 大番茄、白蘿蔔洗淨後，切小丁。
❸ 玉米筍洗淨後，切約1公分小段備用。
❹ 將平底鍋預熱，放入大番茄、白蘿蔔、玉米筍，加入1/2杯好水，蓋上鍋蓋悶煮。
❺ 樹薯粉加2大匙好水調勻，倒入鍋中勾芡後起鍋。
❻ 將糙米飯盛碗，淋上燴料即可。

鑲香菇

材料

豌豆仁	200克	荸薺	5顆	香菇	10朵	竹鹽	少許
綠豆	100克	海帶	10克	樹薯粉	20克	胡椒粉	1/2小匙

做法

❶ 香菇泡好水，備用。
❷ 將已煮熟的豌豆仁及綠豆用刀背壓成泥。
❸ 荸薺以刀背拍碎，加豌豆泥、綠豆泥、樹薯粉、竹鹽、胡椒粉攪拌均勻成餡料。
❹ 將海帶切成細絲，拌入餡料中。
❺ 在香菇內側沾上些樹薯粉，再將調拌好的餡料擠放在香菇上，並作成微凸狀擺放盤中。
❻ 將盤子移至電鍋內，蒸約十二分鐘即可。

補血花菜湯

材料

白花菜	50克	紅蘿蔔	30克
黑木耳	30克	健康防癌高湯或好水	500c.c.

做法

❶ 白花菜洗淨後，切小段備用。
❷ 黑木耳、紅蘿蔔切成小片，備用。
❸ 取一鍋子將高湯煮沸，依序投入紅蘿蔔、白花菜、黑木耳，待再次煮沸即熄火。

＊餐間水果-柳橙＊

柳橙在食用的時候，最好用刀將外皮切掉，然後讓果肉與皮中間白白的囊肉一起進食，這是因為柳橙皮的刺激性太強，不適合食用。而柳橙中豐富的維生素C、鋅和葉酸，不但可以降低心血管疾病的發生、加速傷口癒合，還能協助鈣質、鐵質的吸收，有助於身體保健。並且含有生物類黃酮的抗癌成分，可抑制攝護腺癌細胞的增生。

DAY 10 午餐 · Lunch ·

DAY 10 晚餐 · Dinner ·

益氣冬瓜湯

材料

- 枸杞……1大匙
- 當歸……10克
- 冬瓜……100克
- 健康防癌高湯或好水……500c.c.

做法

1. 將冬瓜連皮一同切成塊，備用。
2. 高湯倒於鍋中煮沸，放進當歸、冬瓜，以小火燉煮至冬瓜熟透，熄火前再放枸杞即可。

日式山藥糙米飯

材料

- 糙米……2杯
- 山藥……100克
- 醬油……1小匙

做法

1. 糙米裝於電鍋內鍋中以好水沖洗後，加3杯好水。
2. 將內鍋放入電鍋內，外鍋加1杯好水，煮至開關跳起。
3. 以飯杓挖取糙米飯裝於碗中，將山藥磨成泥與醬油拌勻，淋於飯上。

涼爽拌三絲

材料

- 海帶絲……30克
- 芹菜……30克
- 綠豆芽……30克
- 蒜頭……2顆
- 薑泥……1小匙
- 麻油……1/2小匙
- 烏醋……1小匙
- 醬油……1小匙

做法

1. 海帶絲以滾水汆燙，撈起瀝乾後切段，備用。
2. 綠豆芽洗淨後，瀝乾備用。
3. 將芹菜洗淨後，切段備用。
4. 蒜頭以研磨器磨成蒜泥。
5. 將所有材料混合均勻即可。

健胃沙拉

材料

- 南瓜……30克
- 嫩豆腐……1塊
- 紅甜椒……30克
- 梅汁……1小匙

做法

1. 嫩豆腐從盒中取出，置於盤中。
2. 南瓜、紅甜椒切成小丁，混合撒於豆腐上，最後淋上梅汁即可。

DAY 11

早餐 · Breakfast ·

開心蔬果汁

材料
葡萄……15顆
紅龍山藥……50克
紅蘿蔔……30克
好水……300c.c.

做法
1. 將紅龍山藥、紅蘿蔔連皮切成小塊。
2. 把所有材料放到果汁機中，攪拌均勻即可。

附註
1. 亦可加入適當檸檬、蜂蜜、黑白芝麻、酵母B群、卵磷脂、松子（或腰果），以及植物綜合酵素、全然穀粉、鈣源或植物種子纖維等，效果更佳。
2. 體質虛寒者，可於果汁中加薑一片，或肉桂粉少許，或以溫水打汁，或加健康美味粉，不但祛寒亦可增加飽足感。

地瓜烤餅

材料
全麥麵粉……150克
地瓜……100克
黑芝麻……1大匙

做法
1. 將地瓜蒸熟後，去皮搗成泥。
2. 取一大碗將所有材料混合均勻，揉捏成麵糰。
3. 麵糰搓成長條狀，分切成數段，以桿麵棍壓製成厚圓片。
4. 將烤箱預熱，以200°C烤15分鐘即可。

海苔糙米三角飯糰

材料
海苔……2片
糙米……2杯

做法
1. 糙米放進電鍋內，加3杯水，蒸煮至熟。
2. 把正方形海苔切成4片，備用。
3. 將糙米飯取出，放涼後以飯杓挖取適量，置於手中捏成三角形。
4. 用1片海苔把飯糰包住即可。
5. 依個人食量製作數個飯糰。

＊光常的叮嚀＊

牛奶是給牛喝的

我們從小被灌輸一個觀念，即牛奶是非常營養的一種食物，是蛋白質和鈣質的重要來源，因此市面上充斥著各式的乳製品。不過，在牛奶或乳製品當中，這些高量的多種蛋白質，不但是造成過敏的重大因素，而且為了消化這些蛋白質，胃會分泌更多胃酸跟酵素來分解，而使得消化性潰瘍的症狀更惡化。還有許多疾病，譬如慢性鼻竇炎、淋巴腺發炎腫大、慢性中耳炎等等，只要斷絕乳製品的攝取，都能獲得很大的改善。

而牛奶及乳製品可以將流失的鈣補充回來，也是一個錯誤的觀念，因為真正的原因在於當攝取的蛋白質越多，骨質中流失的鈣也越多。也就是說，若要維持體內鈣質平衡，維持骨骼強健，應當要做的是減少每天攝取的蛋白質，而不是增加鈣質的補充才對。

洋蔥貝果

材料 洋蔥 1/2顆　溫水 1/4杯　青豆仁 1杯
酵母粉 1/2小匙　全麥麵粉 2杯或250克

做法
1. 酵母粉與溫水（約40℃）混合，等待發酵膨起。
2. 取一大碗，將麵粉、酵母水一同混合均勻，成表面光滑的麵糰。
3. 拿一塊濕布蓋於碗上，靜置1小時。
4. 將洋蔥刨細絲，均勻混入麵糰中，把麵糰分割成4份，再蓋布靜置5分鐘。
5. 把麵糰搓揉成約25公分的長條形，將兩端捲成圓圈狀。
6. 備一鍋滾水，轉小火汆燙麵糰，即撈起瀝乾。
7. 將燙好的貝果放在紙上待表面稍乾，再入烤箱以200℃烤約15分鐘即可。
8. 青豆仁以滾水煮熟撈起後，以湯匙搗成泥，塗在切開的貝果上。

附註 可依材料比例增加，一次作數個，未食用完的貝果可在放涼後，不塗餡直接放入冰箱保存，若要食用只要取出，噴些水再稍微烤過即可。一般來說，常溫下則約可保存3天，冷凍約可保存60天。

正點沙拉

材料 結球萵苣 80克　番茄 100克　玉米粒 30克

做法
1. 萵苣剝開洗淨後，切成小片，置於盤中。
2. 番茄洗淨後，切片放於萵苣上。
3. 玉米以滾水汆燙後，撈起瀝乾裝盤即可。

消脂鮮味湯

材料 蒟蒻捲 6捲　竹筍 50克
香菇 6朵　健康防癌高湯或好水 800c.c.

做法
1. 香菇以熱水泡開，在香菇上以刀子輕畫十字。
2. 竹筍去皮後切片，備用。
3. 高湯裝於鍋中煮滾，放入香菇、竹筍，以小火煮沸約20分鐘。
4. 最後放入蒟蒻捲，待再次滾沸，即可熄火。

＊餐間水果-葡萄柚＊

葡萄柚富含有維生素A、C及葉酸、鉀等營養素，而紅肉的葡萄柚更含有β胡蘿蔔素及茄紅素，可以提高新陳代謝，降低血脂肪，預防心血管疾病。且葡萄柚果肉中含有獨特的類黃酮，能有效抑制正常細胞轉變成癌細胞。更別說一顆葡萄柚所含的纖維素約為10公克，是一般水果的2倍，對於排便有很好的幫助。

DAY 11 午餐 · Lunch ·

DAY 11 晚餐 · Dinner ·

泰式涼麵

材料

- 高纖健康麵……80克
- 香菜……1株
- 芝麻……1大匙
- 蒜頭……2顆
- 檸檬……1/2顆

做法

1. 備一鍋滾水，均勻放入麵條，滾煮6分鐘，即可熄火撈起麵條，置於碗中。
2. 香菜洗淨後，切成小段備用。
3. 蒜頭以研磨器磨成蒜泥，備用。
4. 將檸檬對切，搾取出汁，混入香菜、蒜泥後，淋於麵上。
5. 食用前混拌均勻即可。

開胃湯

材料

- 小白菜……2株
- 嫩薑……20克
- 白胡椒粉……1小匙
- 健康防癌高湯或好水……1000c.c.

做法

1. 將小白菜洗淨後，切成小段備用。
2. 嫩薑切成細絲，備用。
3. 取一鍋子將高湯煮沸，放入小白菜、嫩薑，待再次煮沸即可熄火。
4. 起鍋前拌入白胡椒粉即可。

抗老涼拌菜

材料

- 豆苗……50克
- 海帶芽……30克
- 黃豆……30克
- 健康美味粉……1大匙

做法

1. 豆苗洗淨後，瀝乾置於盤中。
2. 備一鍋滾水，將黃豆、海帶芽倒入後煮至熟軟，即可撈起瀝乾，置於碗中
3. 最後撒上健康美味粉即可。

DAY 12

早餐 · Breakfast ·

蔬果沙拉

材料
柳丁……1顆
紅甜椒……1/2顆
高麗菜……50克

做法
1. 將柳丁去皮，切片備用。
2. 紅甜椒、高麗菜洗淨後，切細絲。
3. 準備一鍋沸水，將玉米粒投入，氽燙至熟後撈起放涼。
4. 把所有材料裝於碗中即可。

附註
1. 蔬菜可先行經蔬果解毒機處理，再食用。
2. 若將以上食材打成果汁，可加入適當檸檬、蜂蜜、黑白芝麻、酵母B群、卵磷脂、松子（或腰果），以及植物綜合酵素、全然穀粉、鈣源或植物種子纖維等，效果更佳。

地瓜蓮子糙米飯

材料
地瓜……1顆
新鮮蓮子……100克
糙米……1杯

做法
1. 將地瓜切成小塊，備用。
2. 將糙米裝於電鍋內鍋中，混入地瓜、蓮子，加入2杯好水。
3. 將內鍋放進電鍋中，外鍋加1杯好水，蒸煮至開關跳起即可。

附註 若採用乾蓮子，則須先泡好水1小時。

＊光常的叮嚀＊

吃糖會老的快

糖有一種甜甜的滋味，總是讓人無法抵擋誘惑。不過，若長期食糖過量，會使得屬於弱鹼性的健康體液，受到屬於酸性的糖影響，轉變為弱酸性或中性，而加速細胞的老化，頭髮也會受到影響而變白變黃。

而且，當攝取糖食後，不但會增進胰島素的分泌，糖還會轉為脂肪，影響正常食慾，妨礙維生素、礦物質和其他營養成分的攝取，而容易導致肥胖。

更嚴重的是，當糖吃多了，不但會提升膽結石、子宮肌瘤、乳腺癌的罹患率，還會消耗體內的鈣，導致骨骼疏鬆症，亦會刺激胃液分泌，傷害胃黏膜，而引發胃炎或胃潰瘍。

高纖健康飯

材料

糙米	2杯
松子	1/2杯
南瓜子	1/2杯

做法

❶ 將糙米放進電鍋內鍋中沖洗，加入3杯好水。
❷ 將內鍋放進電鍋中，煮約20分鐘至開關跳起。
❸ 將電鍋打開，趁熱拌入松子、南瓜子即可。

開胃沙拉

材料

黃金番茄	10顆	蘋果醋	1大匙
紫高麗菜	50克	梅汁	1大匙
蘆筍	30克		

做法

❶ 將紫高麗菜洗淨後，切成細絲後用蘋果醋、梅汁漬10分鐘。
❷ 蘆筍洗淨後切對半，過滾水氽燙1分鐘，撈起裝於盤中
❸ 最後將番茄洗淨，瀝乾裝盤即可。

輕鬆鮮味湯

材料

海帶結	50克	健康防癌高湯或好水	500c.c.
豆皮結	50克	竹鹽	少許
青蔥	20克		

做法

❶ 取一鍋子將高湯煮沸，放入海帶結、豆皮結、竹鹽，待再次煮沸後熄火。
❷ 將青蔥洗淨後，切成細絲撒於湯面即可。

＊餐間水果-鳳梨＊

酸酸甜甜的鳳梨除了含有豐富的維生素C，它含有的維生素B1也不少，可以與谷胺酸一起作用，讓身體減輕疲勞。另外，鳳梨果肉中所含有的鳳梨酵素，是一種類似木瓜酵素的天然蛋白酶，除了可以幫助消化，研究更證實，這種酵素對於血塊凝結導致的動脈血管栓塞，以及其所引起的心臟病，都具有緩解的作用。

DAY 12 午餐 · Lunch ·

DAY 12 晚餐 · Dinner ·

瘦身素包子

材料

竹筍	50克	香菇	15朵	全麥麵粉	300克
高麗菜	50克	蒜頭	3顆	酵母粉	5克

做法

1. 蒜頭以研磨器磨製成蒜泥。
2. 將竹筍、高麗菜、香菇切成細絲後，加入蒜泥，攪拌均勻成餡料備用。
3. 將酵母粉與溫水攪拌均勻，放置約20至30分鐘後，等待至發酵膨脹。
4. 取一大盆，放入全麥麵粉、酵母粉水，以手搓揉均勻成表面光滑的麵糰。若麵糰太乾無法凝結，可再適量加入好水。
5. 以濕布覆蓋盆上，置放約一小時，待麵糰發起。
6. 將麵糰再揉成直徑約3公分的長條形，切小段，以桿麵棍桿開成包子皮。
7. 以湯匙挖取餡料，放在包子皮中間，以手指捏起包子皮邊緣，將餡料包起。
8. 將包子放入電鍋內，蒸約12分鐘即可。

附註 可依材料比例增加，一次作數個，未食用完的包子可在放涼後，密封放入冰箱保存，只要在食用前取出，再重新蒸過即可。一般來說，冷凍約可保存30天。

涼拌海藻捲

材料

小黃瓜	80克
海苔	1片
白芝麻	1小匙
結球萵苣	60克

做法

1. 將萵苣一片片剝下，洗淨後以手將每片從中間剝成2片，裝於盤中。
2. 小黃瓜切成細絲，放在萵苣上
3. 把海苔切成細絲，與白芝麻一同撒於盤中。

固腎黑豆湯

材料

黑豆	30克
竹笙	10克
紅棗	30克
健康防癌高湯或好水	1000c.c.

做法

1. 竹笙、紅棗泡水至發開後，將竹笙切段。
2. 高湯倒於鍋中，把黑豆、竹笙、紅棗放入，以小火滾沸約20分鐘，至黑豆熟軟即可。

DAY 13 早餐 · Breakfast ·

柳丁

材料 柳丁……250克

做法 將柳丁洗淨後，切片即可。

附註 記得要連白色部分一起吃。

補氣紅棗湯

材料
地瓜……60克
紅棗……30克
好水……600c.c.

做法
1. 紅棗泡水1小時，備用。
2. 地瓜切成小丁，備用。
3. 將好水倒入鍋中煮沸，加入紅棗，以中火煮滾後，再加入地瓜，續煮20分鐘即可。

海苔飯糰堡

材料
大黃瓜……50克
山藥……50克
糙米……2杯
小米……1/2杯
海苔……2片
蘋果汁……2大匙
竹鹽……少許

做法
1. 將大黃瓜、山藥切片後，用蘋果汁、竹鹽浸20分鐘。
2. 把糙米、小米放進電鍋內鍋中，加好水3杯，進電鍋煮熟。
3. 海苔攤開，以飯杓挖取適量糙米飯，均勻平鋪在海苔上。
4. 在飯的1/2處放上大黃瓜、山藥，並把另一半海苔覆蓋上即可

＊光常的叮嚀＊

不再胃痛的感覺真好

現代人的生活步調快，加上工作壓力大，飲食習慣不正常，讓胃痛成了現代人最常見的困擾之一。而從中醫的角度來看，凡是阻礙了氣在脾胃的運轉流動，都會出現胃痛的症狀。

不過只要遵循排毒餐，恢復健康的生鮮飲食，不僅可以清潔腸胃道，讓腸胃蠕動正常，消除噁心、脹氣、便秘等不適症狀，恢復消化吸收的正常功能，還能從食物中完全攝取各式營養素，尤其是維生素A及C，對於加速胃壁黏膜的復原及修補有最佳的效果。

另外也要學著解除壓力，讓身心放輕鬆，並讓生活作息遵循自然規律來進行，才能徹底揮別胃痛。

濃汁馬鈴薯

材料

馬鈴薯	60克	青椒	50克
洋菇	10朵	地瓜粉	1小匙

做法

1. 將馬鈴薯以滾水煮至熟軟，切片裝盤。
2. 洋菇、青椒切成小片，備用。
3. 平底鍋以小火熱鍋，放入洋菇、青椒及少許的好水，拌炒均勻。
4. 地瓜粉以好水調勻，倒入鍋中勾芡，即可起鍋淋在馬鈴薯上。

活力沙拉

材料

菠菜	50克	海苔	1片	味噌	1小匙
蘋果	60克	芝麻	1小匙	蘋果醋	2小匙
核桃	30克				

做法

1. 將菠菜切成小段，過滾水汆燙1分鐘，撈起置於盤中。
2. 蘋果切片後，與拍碎的核桃、芝麻一同擺於菠菜上。
3. 最後將海苔撕成小片放上，最後淋上味噌、蘋果醋即可。

墨西哥豆泥湯

材料

斑豆	100克	紅蘿蔔	50克	健康防癌高湯或好水	500c.c.
西洋芹	50克	番茄	50克	竹鹽	少許
				胡椒粉	少許

做法

1. 斑豆先泡好水1小時，將水倒掉，備用。
2. 將西洋芹、紅蘿蔔、番茄切小丁。
3. 備一鍋滾水，投入斑豆以小火煮30分鐘後，撈起壓成泥狀。
4. 把高湯倒入鍋中煮沸，投入西洋芹、紅蘿蔔、番茄滾後，再加入斑豆泥、竹鹽、胡椒粉續煮10分鐘即可。

＊餐間水果-蓮霧＊

蓮霧屬於熱帶水果之一，飽含豐富的水分，對人體有清涼解熱的作用。且因為低熱量、高纖維的特質，加上含有利尿成分，對於消除水腫、控制體重也有很好的幫助。在傳統食療上更認為蓮霧有安神的效果，能夠輕鬆消解因為天氣炎熱造成的煩躁。

DAY 13 午餐 · Lunch ·

DAY 13 晚餐 · Dinner ·

健康菜飯

材料

青江菜	80克	小米	1杯
蔥	1根	健康防癌高湯	3杯
糙米	1杯		

做法

1. 將蔥、青江菜切碎段，備用。
2. 平底鍋以小火熱鍋，放入蔥、青江菜略拌炒，盛起。
3. 糙米、小米泡水半小時後，將水濾掉，加入高湯、蔥、青江菜拌勻。
4. 放入電鍋中，外鍋加1杯水煮至開關跳起即可。

美味紫菜湯

材料

杏鮑菇	50克
紫菜	20克
健康防癌高湯或好水	350c.c.
味噌	1小匙

做法

1. 將杏鮑菇縱切成薄片。
2. 取一鍋子將高湯煮沸，放入杏鮑菇、紫菜、味噌，待再次煮沸即可熄火。

雙瓜鑲豆腐

材料

大黃瓜	30克
苦瓜	30克
青豆	1大匙
豆腐	1塊
紅蘿蔔	30克
地瓜粉	1大匙
胡椒粉	少許
竹鹽	少許

做法

1. 將紅蘿蔔切成小丁。
2. 豆腐放入大碗中搗爛，放入青豆、紅蘿蔔、地瓜粉、胡椒粉、竹鹽，拌勻成餡料。
3. 大黃瓜、苦瓜各切下約2公分長塊，將中心挖空，填入餡料至稍微鼓起，擺放盤中
4. 將盤子移至電鍋中，蒸熟即可。

DAY 14

早餐 · Breakfast ·

蔬果多C沙拉

材料
- 木瓜……250克
- 青椒……30克
- 白蘿蔔……30克
- 百香果汁……1大匙

做法
1. 青椒橫切成圈圈，去籽洗淨後，瀝乾裝於盤中。
2. 木瓜去籽去皮，切成塊狀裝盤。
3. 最後將白蘿蔔切成細絲，放於盤中，淋上百香果汁即可。

附註 若將以上食材打成果汁，可加入適當檸檬、蜂蜜、黑白芝麻、酵母B群、卵磷脂、松子（或腰果），以及植物綜合酵素、全然穀粉、鈣源或植物種子纖維等，效果更佳。

翠綠蜂蜜糕

材料
- 明日葉……200克
- 蜂蜜……2大匙
- 地瓜粉……50克

做法
1. 將明日葉與1杯好水一同放入果汁機中，攪拌均勻。
2. 把明日葉汁、蜂蜜、地瓜粉於大碗中拌勻，並以桿麵棍壓製成厚片。
3. 厚片置於盤中，放進蒸鍋中以大火蒸約20分鐘。
4. 待稍涼，即可取出切片。

地瓜糙米粥

材料
- 地瓜……60克
- 糙米……2杯
- 好水……1500c.c.

做法
1. 將地瓜切細絲，備用。
2. 糙米與好水裝於鍋中，以小火燉煮30分鐘，再加入地瓜續煮20分鐘即可。

＊光常的叮嚀＊

五穀雜糧的養生之道

依照傳統養生學的觀點，五穀能養五臟之真氣，在中醫的經典中更強調，「天生萬物，獨厚五穀」，都意味著五穀雜糧最養脾，當脾好則胃好身體好。

這是因為未經加工的五穀雜糧類食物除了提供澱粉外，還含有豐富的礦物質、維生素，也是人體重要的食物纖維來源。這些膳食纖維可以吸收毒素、膽酸等致癌物後增快排出，大大降低得到大腸癌的機率，也能吸收油脂、膽固醇增進健康。

而五穀雜糧中的澱粉是一種廣泛存在於碳水化合物中的「抗性澱粉」，這不同於一般澱粉會導致肥胖的結果，相反地這種澱粉因為在小腸中不易被分解消化，能讓飽腹感持久，刺激有益菌生長，維持腸道的酸性，又可促進毒素的分解排出，而達到控制體重的作用。

腰果胚芽餅

材料

馬鈴薯	1顆	腰果	50克	粗胚芽粉	250克

做法

❶ 馬鈴薯入滾水煮至熟透，撈起去皮，壓製成泥。
❷ 將腰果壓碎成小顆粒，與粗胚芽粉混合均勻。
❸ 一邊攪拌一邊慢慢加入水及馬鈴薯泥，使成麵糰，並用桿麵棍壓製成餅皮。
❹ 取平底鍋以小火熱鍋，將餅皮放入，煎至兩面皆成金黃色為止。

海苔百頁捲

材料

海苔	1片	皇宮菜	50克	米醋	2小匙
百頁豆腐	1塊	味噌	1小匙	白芝麻	1小匙

做法

❶ 將海苔裁剪成寬3公分長10公分的長條片。
❷ 百頁豆腐切成約厚1公分寬5公分的薄片。
❸ 皇宮菜洗淨後過滾水汆燙，切成約7公分的長段。
❹ 把海苔平鋪在桌上，放上一片百頁豆腐，再放上皇宮菜，最後將海苔及百頁豆腐捲起。
❺ 將味噌、米醋、白芝麻調勻成醬料，讓百頁捲沾取後食用。

高纖沙拉

材料

豆苗	50克	紅蘿蔔	50克	芝麻	1小匙
沙拉筍	50克	腰果	10顆	味噌	1大匙

做法

❶ 豆苗洗淨後瀝乾，裝於盤中。
❷ 將筍、紅蘿蔔切成細絲，裝盤即可。
❸ 把腰果磨碎，與芝麻、味噌調勻成醬料，搭配沙拉食用。

附註　沙拉筍為市售真空包裝的熟筍，亦可以用當地當季盛產的各式新鮮筍替代。

冬瓜薑絲湯

材料

冬瓜	150克	健康防癌高湯或好水	350c.c
薑	100克	麻油	少許

做法

❶ 冬瓜切塊，薑切細絲，備用。
❷ 高湯倒於鍋中煮沸，把冬瓜、薑投入，以小火煮約10分鐘至冬瓜熟爛即可熄火，起鍋前滴麻油。

＊餐間水果-芒果＊

味道香濃的芒果，屬於熱帶水果。它有著金黃色的果肉，因此含有豐富的維生素A，除了可以美化肌膚，增加抵抗力，也能改善視力，預防眼睛的疾病。而芒果中的維生素C含量也很高，可以協助人體降低膽固醇，預防動脈硬化、高血壓，也含有較高的蛋白質及纖維素、果膠，可以幫助消除疲勞，保持消化系統正常。

DAY 14 午餐 · Lunch ·

DAY 14 晚餐 · Dinner ·

高纖健康麵

材料
- 高纖健康麵 …… 80克
- 菠菜 …… 50克
- 玉米筍 …… 6根
- 海帶結 …… 30克
- 甜豆 …… 30克
- 健康防癌高湯或好水 …… 500c.c.
- 麻油 …… 少許
- 竹鹽 …… 少許

做法
1. 備一鍋滾水，放入麵條煮沸騰後，轉小火續煮約6分鐘，即可撈起麵條放至碗中。
2. 玉米筍切對半，菠菜切段，備用。
3. 另取一乾淨鍋子，將高湯倒於鍋中煮沸，放入海帶結、玉米筍，待煮沸再放入菠菜、甜豆、竹鹽。
4. 待再次沸騰即可熄火，將湯料倒於碗中，淋上麻油即可。

綠色奇蹟沙拉

材料
- 小黃瓜 …… 100克
- 結球萵苣 …… 50克
- 苜宿芽 …… 少許
- 番茄 …… 1顆
- 健康美味粉 …… 1大匙

做法
1. 將小黃瓜切片，番茄切塊後，裝於盤中。
2. 萵苣一片片剝下來洗淨，切成小片裝盤。
3. 最後將苜宿芽置於沙拉上，並撒上健康美味粉即可。

附註　葉菜、芽菜類生食適合夏季、體質燥熱者和正常完全健康者。

DAY 15

早餐 · Breakfast ·

清血降壓蔬果汁

材料 芹菜……60克　梅汁……1大匙
葡萄柚汁……150克　好水……200c.c.

做法
1. 將芹菜洗淨後切段，備用。
2. 所有材料放入果汁機中，攪拌均勻即可。

附註
1. 亦可加入適當檸檬、蜂蜜、黑白芝麻、酵母B群、卵磷脂、松子（或腰果），以及植物綜合酵素、全然穀粉、鈣源或植物種子纖維等，效果更佳。
2. 長期喝蔬果汁感到體力衰退、狀況不佳、排便多次鬆散者，表示排毒週期已過，應暫停吸收過多纖維質，以榨汁方式來喝並補充植物性蛋白質與脂肪。

地瓜圓

材料 地瓜……120克
地瓜粉……100克

做法
1. 將地瓜放入電鍋中，蒸至熟透。
2. 把地瓜從電鍋中取出，去皮搗成泥，再加入地瓜粉。
3. 搓揉成直徑約2公分的條狀後，每隔2公分切成小塊。
4. 備一鍋滾水，將地瓜圓放入鍋中，煮至浮起後即可撈起。

小黃瓜拌飯

材料 小黃瓜……3根
糙米……2杯
竹鹽……少許
橄欖油……少許

做法
1. 糙米裝於電鍋內鍋中，沖洗後加入3杯好水。
2. 將內鍋放至電鍋中，外鍋加入1杯水，煮至開關跳起。
3. 把小黃瓜洗淨後，切成薄片，與竹鹽、橄欖油拌入糙米飯即可。

＊光常的叮嚀＊

認識身體的自然時鐘

人體有一定運作的時間規律與自然法則，若遵循著這生理時鐘的運作法則，會大大有助於身體維持或恢復健康。而這其中又有三個時段要特別注意：

1. 早上5至7點是大腸經的排泄時間，這是把毒素排出的最好機會。
2. 晚上9至11點是三焦經的免疫恢復時間，是身體開始進入休息狀態的時間。
3. 晚上11點至隔天凌晨3點是肝經、膽經的修復時間，也是養肝造血的關鍵時段，必定要進入睡眠。

如果是體質差的人或是罹病的患者，一並要把握晚上9點到隔天3點這6個小時的黃金修復時間，養成9點上床睡覺的習慣，讓身體快些復原，盡快恢復健康。

醬汁淋麵

材料

高纖健康麵	80克	紅蘿蔔	30克
黑木耳	10克	高湯	1000c.c.
豌豆莢	50克		

做法

1. 備一鍋滾水，放入麵條煮沸騰後，將火轉小，續煮約6分鐘。
2. 用麵杓將麵條撈起，再用冷水沖淋冷卻，瀝乾放至碗中。
3. 將黑木耳、紅蘿蔔切絲，備用。
4. 另取一乾淨鍋子，將高湯倒於鍋中煮沸後放入紅蘿蔔，待再次沸騰放入黑木耳、豌豆莢煮1分鐘即可熄火。
5. 將湯料直接倒於麵上即可。

沙拉

材料

西洋芹	50克	紅甜椒	50克
玉米	1根		

做法

1. 將玉米切段，過滾水汆燙，撈起瀝乾後裝盤。
2. 把西洋芹斜切成段，紅甜椒切塊，放入盤中即可。

南瓜濃湯

材料

南瓜	150克	健康防癌高湯或好水	500c.c.
紫菜	50克	竹鹽	少許

做法

1. 將南瓜切塊後，與高湯一同放於果汁機中，攪拌均勻。
2. 取一鍋子，把南瓜汁與剩餘高湯倒入，煮至沸騰。
3. 把紫菜、竹鹽投入鍋中，煮至紫菜延展開來即可。

＊餐間水果－柿子＊

橙紅色的柿子對人體最棒的地方，就是富含胡蘿蔔素，維生素A、C，以及鉀、磷、鐵等礦物質，尤其維生素C的含量比一般的水果都高，加上與維生素A共同作用，可以確實提高免疫力，預防心血管疾病，遠離動脈硬化的困擾。除此之外，新鮮柿子不只含碘量高，對利尿也有相當的作用。

DAY 15 午餐 · Lunch ·

DAY 15 晚餐 · Dinner ·

山藥碗糕

材料

- 山藥……200克
- 糙米粉……200克
- 在來米粉……200克
- 薑泥……20克
- 健康防癌高湯或好水……1000c.c.
- 竹鹽……少許

做法

1. 將山藥切約1公分小丁，備用。
2. 糙米粉、在來米粉加上高湯混合均勻成米漿，倒入鍋中以小火煮成黏稠狀。
3. 放入山藥、薑泥、竹鹽，攪拌均勻。
4. 倒入碗中8分滿後，放進電鍋蒸約30分鐘即可。

四神薏仁湯

材料

- 薏仁……1杯
- 山藥……5錢
- 蓮子……1兩
- 芡實……5錢
- 茯苓……5錢
- 好水……1500c.c.

做法

1. 所有材料放進鍋中，以大火煮至沸騰。
2. 轉小火燉煮約1小時，即可熄火。

燴豆腐

材料

- 嫩豆腐……1塊
- 四季豆……30克
- 紅蘿蔔……30克
- 乾香菇……5朵
- 健康防癌高湯或好水……100c.c.

做法

1. 將香菇泡熱水至發，切丁備用。
2. 把嫩豆腐切小塊，四季豆、紅蘿蔔切丁備用。
3. 將平底鍋以小火預熱，倒入所有材料，稍微拌炒後即可起鍋。

DAY 16 早餐 · Breakfast ·

蔬果清血沙拉

材料
鳳梨……60克
四季豆……30克
聖女番茄……6顆

做法
❶ 番茄洗淨後，對切裝盤。
❷ 將鳳梨去皮，切小塊。
❸ 取一鍋加好水煮沸，倒入少許竹鹽，把四季豆放入過滾水汆燙，撈起瀝乾切段即可。

枸杞地瓜泥

材料
地瓜……2顆
枸杞……2大匙

做法
❶ 地瓜洗淨去皮後，與枸杞同置碗中，蒸至熟軟。
❷ 把碗取出，將地瓜攪拌成泥，並與枸杞攪拌均勻。

薏仁糙米飯

材料
糙米……2杯
健康防癌高湯或好水……4杯

做法 將糙米洗淨後，加入高湯，一同蒸約30分鐘至熟即可。

＊光常的叮嚀＊

想吃肉的困惑

很多人無法一下子除去想吃肉的慾望，那麼可以依循一些原則，來慢慢改變攝食的習慣：

1. 一天只在一餐吃肉，而且只能吃一種肉。然後慢慢拉長吃肉的間隔時間。
2. 如果非吃肉不可，請一定要記得吃魚。
3. 即使是吃魚，一周也只能吃1～2次。
4. 必須在晚上六點以前吃！若超過六點以後吃對身體的負擔很重，是很大的傷害。
5. 烹調的方式儘可能是水煮、清蒸。
6. 控制在一餐總飲食的15%以內。
7. 最好是氣溫15℃以下時才吃，因為太燥對身體不好。
8. 在一餐之中的最後才吃肉。

全麥高纖鍋貼

材料

乾香菇	50克	松子	20克	全麥麵粉	250克
高麗菜	1/2顆	蔥	50克	冷壓橄欖油	1小匙
枸杞	20克	嫩薑	30克	高纖穀粉	50克

做法

1. 把香菇泡熱水至發，切丁備用。
2. 將高麗菜、蔥、薑切碎，以紗布包裹擰乾去汁，加入枸杞、松子攪拌均勻成餡料。
3. 在麵粉中加入高纖穀粉、適量的熱開水拌勻，再加入適量的冷開水揉成麵糰。
4. 用保鮮膜把麵糰包起來，等待約15分鐘後，搓成直徑約3公分的長條狀。
5. 將長條狀的麵糰每隔約2公分切成數小塊，以桿麵棍壓製成圓薄麵皮。
6. 麵皮中間放上一匙餡料，把麵皮對合包起。
7. 在平底不沾鍋的鍋底塗上一層油，熱鍋後將鍋貼排放在鍋底，加5小匙的水後，蓋上鍋蓋以小火煮約10分鐘，至鍋貼表面呈金黃色即可。

附註 可依材料比例增加，一次作數個鍋貼，多製作的生鍋貼可以密封放入冰箱冷凍庫保存，只要在食用前取出，然後下鍋煎熟即可。

梅醬苦瓜沙拉

材料

苦瓜	50克	梅子醬	2匙
紫高麗菜	50克		

做法

1. 把苦瓜、紫高麗菜洗淨後，切絲裝盤。
2. 在食用前沾取些梅子醬即可。

附註 若擔心苦瓜太苦，只要把苦瓜內膜（白色部分）切除乾淨，或稍微汆燙亦可。

補氣血紅蓮湯

材料

紅棗	50克	蓮子	50克
黑木耳	30克	健康防癌高湯或好水	1500c.c.

做法

1. 將黑木耳切片備用。
2. 將高湯倒於鍋中煮沸，投入所有材料，待煮沸後以小火燉煮約40分鐘。

＊餐間水果-哈密瓜＊

肉質鬆軟多汁的哈密瓜，所含的維生素C是蘋果的10倍，且維生素A是蘋果的50倍，是養分高、熱量低的輕食水果。它亦含有葉黃素與玉米黃素，可以幫助人體降血脂、提高新陳代謝，更具有抗發炎、抗癌細胞的功用。在傳統中醫中亦有記載，「暑日食之，永不中暑」，即在溽熱的夏日攝取後，可以達到消暑、利尿的效果。

DAY 16 午餐 · Lunch ·

DAY 16 晚餐 · Dinner ·

蘿蔔糕

材料
- 白蘿蔔……300克
- 糙米粉……300克
- 在來米粉……300克
- 香椿……20克
- 健康防癌高湯或好水……300c.c.

做法
1. 將蘿蔔刨絲，香椿切細碎，備用。
2. 把平底鍋先熱鍋，放入蘿蔔絲翻炒後，蓋上鍋蓋悶煮至熟軟。
3. 糙米粉、在來米粉與高湯拌勻，倒進鍋中，再加入香椿，攪拌至濃稠糊狀。
4. 準備一大碗，將米糊倒入，移至蒸鍋中以大火蒸約40分鐘。
5. 把蒸好的蘿蔔糕倒扣於盤中放涼，切片即可。

海帶胡瓜湯

材料
- 海帶絲……30克
- 胡瓜……50克
- 香菜……20克
- 健康防癌高湯或好水……100c.c.
- 味噌……1小匙

做法
1. 胡瓜洗淨後，切薄片備用。
2. 取一鍋子將高湯煮沸，放入海帶絲、胡瓜、味噌，待再次煮沸即可熄火。
3. 把香菜洗淨後，切碎撒於湯面即可。

健美沙拉

材料
- 毛豆……30克
- 黃甜椒……50克
- 蘆筍……30克
- 柳橙……1顆
- 竹鹽……少許

做法
1. 將蘆筍切段，與毛豆一同過加竹鹽的滾水汆燙至熟，撈起瀝乾後擺放盤中。
2. 黃甜椒洗淨後，切塊裝盤。
3. 柳橙切對半，榨汁後淋在沙拉上即可。

DAY 17 早餐 · Breakfast ·

好氣色蔬果汁

材料

番茄……100克　　好水……250c.c.
山藥……30克　　梅汁……1小匙
紅蘿蔔……30克

做法

❶ 把番茄、山藥、紅蘿蔔切塊，備用。
❷ 將所有材料放入果汁機中，攪拌均勻即可。

附註

❶ 亦可加入適當檸檬、蜂蜜、黑白芝麻、酵母B群、卵磷脂、松子（或腰果），以及植物綜合酵素、全然穀粉、鈣源或植物種子纖維等，效果更佳。

❷ 若會脹氣者，可將水果與菜汁分開20分鐘打汁食用。但鳳梨可以直接和蔬菜一起打，可消脹氣助排便，或在蔬果汁中加竹鹽少許。

地瓜捲

材料

全麥春捲皮……1張
地瓜……100克
芝麻醬……適量

做法

❶ 把地瓜洗淨，蒸至熟透後壓製成地瓜泥。
❷ 將春捲皮平鋪在桌上，塗抹上芝麻醬，把地瓜泥擺在靠近身體端。
❸ 把春捲皮捲起來即可。

薏仁糙米球

材料

糙米……1杯
薏仁……1杯
健康美味粉……2大匙

做法

❶ 事先將糙米泡好水4小時、薏仁泡好水2小時後，裝進電鍋內鍋中，加入3杯好水。
❷ 把內鍋裝至電鍋中，在外鍋倒入1杯好水，蒸煮至熟。
❸ 待飯稍涼，倒入健康美味粉攪拌均勻。
❹ 以湯匙挖取適量置於手掌中，搓揉成丸狀即可。
❺ 重複步驟4，依個人所需製作數量。

＊光常的叮嚀＊

來自大海的力量－昆布

昆布是營養豐富的海中植物，也是東方人長壽的秘訣之一。它的成分包括了許多對身體非常重要的礦物質，譬如鈣、鐵、錳、銅、鎂、鉀、矽等等，還含有大量的碘、蛋白質、礦物質、維生素A、維生素B、維生素C等成分，都極易被人體吸收。

所以多吃昆布，可調節細胞的氧化作用，促進身體的新陳代謝，有效消除身體所受輻射，並可保持血液最佳弱鹼性，使酸性體質變成鹼性。並且因為昆布含有大量的食物纖維，當食入後會在腸內膨脹，渣滓在大腸內則會被各種有益菌類利用，進而對健康有所貢獻。

不過現今海洋的污染嚴重，已經影響海帶、昆布的品質，若沒有把握食物的安全性，可購買市售的活性昆布粉使用。

健康麵疙瘩

材料

大白菜	30克
海帶芽	30克
南瓜	30克
金針花	30克
全麥麵粉	200克
健康防癌高湯或好水	1000c.c.

做法

1. 在麵粉中加入適量溫水，攪拌並搓揉成麵糰。
2. 把大白菜洗淨後切絲，南瓜切塊，備用。
3. 將高湯倒於鍋中，以大火煮沸。
4. 以2指在麵糰上抓取一塊小麵糰，稍微壓扁後投於湯中，重複步驟至麵糰全部用盡。
5. 待湯煮沸後，將大白菜、海帶芽、南瓜、金針花投入。
6. 當湯再次滾沸，即可熄火。

絕配沙拉

材料

四季豆	50克	味噌	1小匙
紅蘿蔔	50克	芝麻	1小匙

做法

1. 將四季豆切斜段、紅蘿蔔切小塊，以滾水汆燙14分鐘，撈起瀝乾即裝於盤中。
2. 把味噌、芝麻加好水調成醬料，淋於沙拉上即可。

＊餐間水果－枇杷＊

枇杷含有豐富的胡蘿蔔素及維生素B群，可以保護視力，滋潤肌膚，對於促進胎兒發展也有很重要的作用。並且，枇杷除了是作為止咳化痰的良方外，還含有一種稱為苦杏仁苷的成分，是抗癌的有效物質。枇杷中含有適量的有機酸，能刺激消化腺的分泌，對消化有助益。

DAY 17 午餐 · Lunch ·

DAY 17 晚餐 · Dinner ·

蓮子紅豆飯

材料

新鮮蓮子 50克
紅豆 1/2杯
糙米 2杯

做法

1. 事先將紅豆泡好水2小時，糙米泡好水4小時。
2. 把所有材料裝於電鍋內鍋中，加入4杯好水，蒸煮至電鍋開關跳起即可。

附註 如買到乾燥蓮子，則須事先泡好水2小時。

紅鳳菜湯

材料

紅鳳菜 50克
海帶 30克
蒜頭 1顆
健康防癌高湯或好水 350c.c.
竹鹽 少許

做法

1. 將紅鳳菜洗淨，切段備用。
2. 把蒜頭去皮，切片備用。
3. 取一鍋子，把高湯倒入煮沸後，將海帶先投入。
4. 煮沸後將紅鳳菜、蒜片、竹鹽投入，待再次煮沸即可熄火。

美顏沙拉

材料

青椒 50克
黃金番茄 50克

做法

1. 將青椒橫切，洗淨後，再橫切成圓圈狀，裝於盤中。
2. 把黃金番茄洗淨，瀝乾裝盤即可。

DAY 18

早餐 · Breakfast ·

蔬果清心沙拉

材料
梨……80克
紅甜椒……50克
青花菜……150克

做法
❶ 將梨切片，紅甜椒切絲，置於盤中。
❷ 青花菜洗淨後，切成小塊，以滾水汆燙，撈起瀝乾即可裝盤。

附註 若將以上食材打成果汁，可加入適當檸檬、蜂蜜、黑白芝麻、酵母B群、卵磷脂、松子（或腰果），以及植物綜合酵素、全然穀粉、鈣源或植物種子纖維等，效果更佳。

地瓜薑湯

材料
地瓜……100克
嫩薑……30克
好水……600c.c.

做法
❶ 地瓜切成塊狀，薑切絲。
❷ 好水燒開後放入地瓜及薑絲，以小火燉煮20分鐘即可。

高纖窩窩頭

材料
玉米粉……100克
糙米粉……100克
白芝麻粉……30克
核桃……50克

做法
❶ 將核桃壓成細碎，備用。
❷ 把所有材料放於大碗中，加入適量溫水（約40°C）揉成麵糰。
❸ 將麵糰分成約雞蛋大小的數糰，捏成橢圓錐形，放置盤中。
❹ 將盤子移至蒸籠中，蒸約30分鐘即可。

附註
❶ 可依材料比例增加，一次作數個，未食用完的窩窩頭可在放涼後，密封放入冰箱冷凍庫保存，只要在食用前取出，再重新蒸熱過即可。
❷ 若喜歡有些甜味，可於麵糰中加入適量紅糖。

＊光常的叮嚀＊

代謝正常靠酵素

身體的正常運作是靠無數的代謝反應維持著，而這些代謝反應靠的卻是酵素的參與。因為酵素可以幫助調整體質、促進細胞新陳代謝、修護受損部位、加速體內廢物的排除等等。

當我們的身體因為年齡增加、緊張、壓力、疾病或不當飲食等因素，而使得體內的酵素不足時，會造成體內的新陳代謝無法正常運作，產生容易疲勞、體力不繼、消化不良、容易脹氣、胃口不佳、內分泌失調、肥胖等等病癥。

為了讓體內的酵素正常，最好多吃生鮮的蔬菜水果，除了可以補充醣類、維生素、礦物質外，當然最重要的就是可以補充酵素，尤其像鳳梨、酪梨、香蕉、芒果以及芽菜都含有豐富的酵素。如果從食物攝取的酵素不足，亦可以選用市售的全然植物綜合酵素來補充。

山藥雜糧飯

材料

山藥 70克
薏仁 1杯
糙米 1杯

做法

❶ 事先把薏仁泡好水2小時，糙米泡好水4小時。
❷ 將山藥切成短條狀，備用。
❸ 把所有材料裝於電鍋內鍋中，加入3杯好水，放入電鍋，外鍋加1杯好水，煮至開關跳起即可。

苗條沙拉

材料

豆苗 50克
玉米粒 30克
南瓜子 20克
檸檬 50克
蜂蜜 1大匙

做法

❶ 把豆苗洗淨瀝乾，裝於盤中。
❷ 玉米粒以滾水汆燙，撈起瀝乾放於豆苗上。
❸ 檸檬榨汁後，與蜂蜜淋沙拉上即可。
❹ 最後撒上南瓜子即可。

鮮味湯

材料

海帶芽 30克
豌豆莢 30克
鴻禧菇 30克
健康防癌高湯或好水 350c.c.

做法 把高湯倒於鍋中煮沸，放入所有材料，待再次煮沸即可熄火。

＊餐間水果-芭樂＊

口感清脆、略帶點甜味的芭樂，含豐富的維生素A、C，尤其富含的維生素C可以說是水果之冠，並且台灣野生紅心土芭樂的含量更高，對感冒、頭痛、腹痛等都有很大的幫助。並因為含有豐富纖維質，不但能增加飽足感，而且熱量低，對於想控制體重的人是很好的選擇。

DAY 18 午餐 · Lunch ·

DAY 18 晚餐 · Dinner ·

脆芹沙拉

材料
- 西洋芹……50克
- 劍筍……50克
- 腰果……30克
- 米醋……1小匙
- 醬油……1小匙
- 麻油……1/2小匙

做法
1. 備一鍋滾水，將劍筍稍微汆燙過，撈起瀝乾即可。
2. 將西洋芹洗淨後，切段裝盤。
3. 把劍筍、腰果直接放於盤中即可。
4. 米醋、醬油、麻油拌勻成醬料，淋於沙拉上。

番茄豆腐湯

材料
- 番茄……80克
- 嫩豆腐……1塊
- 紫菜……50克
- 健康防癌高湯或好水……350c.c.

做法
1. 將番茄、豆腐切塊，備用。
2. 取一鍋子，把高湯倒入煮沸，再放入番茄、嫩豆腐、紫菜，待再次煮沸，即可熄火。

黃豆飯

材料
- 黃豆……1/4杯
- 糙米……1杯

做法
1. 黃豆預先泡水4小時。
2. 糙米稍洗與黃豆放入電鍋內鍋中，加好水4杯。
3. 將內鍋放進電鍋中，外鍋加1杯好水，煮至熟。

DAY 19

早餐 · Breakfast ·

蘋果

材料 蘋果……1顆

做法 將蘋果洗淨後，切塊即可。

蒸地瓜

材料 地瓜……120克

做法 將地瓜洗淨，放於電鍋中蒸至熟軟即可。

附註 若喜歡地瓜表面有些咬勁，可以再將地瓜放進烤箱中，以140°C烤5分鐘。

糙米手捲

材料
海苔……1片
糙米飯……1碗
蘆筍……50克
黃甜椒……30克
梅醋……1小匙

做法
1. 將蘆筍切成長約7公分的段，過滾水汆燙1分鐘。
2. 黃甜椒切絲，糙米飯拌入梅醋，備用。
3. 把整張正方形的海苔對切成三角形，平鋪在桌上，三角尖往前方。
4. 先將適量糙米飯鋪在海苔靠身體處，再於飯中央放上蘆筍、黃甜椒。
5. 最後抓起海苔的左右兩角，向中捲成甜筒狀即可。

＊光常的叮嚀＊

擺脫不適當的體重

我們都知道當身體重量超過標準後，會有更多的慢性病問題，甚至增加罹癌率。當然，也有許多人是一生都在跟「節食減重」這檔事奮鬥。

其實，想要擺脫不適當的體重，首先要做的就是讓新陳代謝恢復正常，因為只要代謝一旦正常之後，要胖也不容易。而食用健康排毒餐之後，不但不需要挨餓、節食，還可以藉由生食中保留的各式營養素及酵素，重新調整、啓發新陳代謝的功能，加強排除廢物、毒素的效果，平均每月可以讓體重減少3至5公斤。讓人在減重的過程中，瘦得美麗又健康。

如意湯麵

◎材料

高纖健康麵	80克	健康防癌高湯或好水	800c.c.
凍豆腐	1塊	烏醋	1小匙
青蒜	30克	醬油	1小匙
甜豆	50克	麻油	少許

◎做法

1. 凍豆腐切塊，青蒜切斜片，備用。
2. 備一鍋滾水，將麵條均勻投入，以小火煮約6分鐘。
3. 另取一鍋子，將高湯倒入煮沸，投入凍豆腐、甜豆，煮至沸騰。
4. 將麵條撈出，放於湯中，再放入青蒜、烏醋、醬油、麻油，攪拌均勻，即可熄火起鍋。

吉祥沙拉

◎材料

紅蘿蔔	30克
小黃瓜	80克
海帶茸	20克
薑絲	10克
麻油	1/2小匙
烏醋	2小匙
醬油	1小匙
芝麻	1小匙

◎做法

1. 將紅蘿蔔切片，小黃瓜切段，裝於盤中。
2. 海帶茸過水汆燙後瀝乾，裝於盤中。
3. 把薑絲、麻油、烏醋、醬油、芝麻拌勻成醬料，淋於沙拉上。

＊餐間水果-酪梨＊

吃起來沒有甜味的酪梨，脂肪含量卻是特別的高，比一般水果多了四倍的熱量。不過它這糖份低、高熱量的特點，卻適合成為糖尿病人的食物。雖然酪梨含有豐富的油脂，卻都是不飽和脂肪酸，可以控制血脂肪的含量，防止動脈中的膽固醇堆積，有助於維繫腦細胞的結構。

DAY 19 午餐・Lunch・

DAY 19 晚餐 · Dinner ·

有力沙拉

材料

- 珊瑚草……20克
- 結球萵苣……20克
- 毛豆……30克
- 杏仁片……10克
- 檸檬汁……1小匙
- 百香果汁……1小匙

做法

1. 將萵苣剝下，洗淨放於碗中。
2. 把珊瑚草泡水至發，撈起漬檸檬汁、百香果汁30分鐘後，置於萵苣上。
3. 毛豆過滾水汆燙後，瀝乾放於碗中。
4. 最後灑上杏仁片即可。

滋補湯

材料

- 紅蘿蔔……30克
- 乾香菇……6朵
- 枸杞……20克
- 人蔘鬚……20克
- 紅棗……15顆
- 健康防癌高湯或好水……2000c.c.

做法

1. 將紅蘿蔔切片，香菇泡熱水至發，備用。
2. 把高湯倒入鍋中，投入所有材料，以小火熬煮約60分鐘，即可熄火。

芋頭飯

材料

- 芋頭……60克
- 糙米……2杯

做法

1. 將芋頭切成小丁，備用。
2. 把糙米、芋頭一同放於電鍋內鍋中，加入3杯好水，蒸煮至熟即可。

DAY 20

早餐 · Breakfast ·

補腎黑豆漿

材料
黑豆……2杯
好水……6杯

做法
❶ 將黑豆倒進水中，泡約6小時。
❷ 把黑豆與水一同倒入果汁機中，攪拌均勻。
❸ 取一塊紗布放在鍋上，將果汁機中的黑豆水透過紗布倒在鍋中，以濾除豆渣。
❹ 將鍋子移到爐上，以小火沸煮10分鐘即可。

清淨蔬果沙拉

材料
蘋果……60克
玉米筍……50克
柳松菇……30克
薑……10克

做法
❶ 玉米筍洗淨後，過水汆燙1分鐘撈起，縱切對半裝入盤中。
❷ 將柳松菇滾水汆燙，撈起瀝乾後放入盤內。
❸ 用磨泥器將蘋果、薑磨成泥，混勻後即為沾料。

地瓜糙米飯

材料
地瓜……80克
糙米……2杯

做法
❶ 將地瓜切小塊，備用。
❷ 地瓜與糙米一同放於電鍋內鍋中，加入3杯好水。
❸ 將內鍋放進電鍋中，外鍋加1杯好水，蒸煮至熟即可。

＊光常的叮嚀＊

睡眠充足養健康

睡眠是養成健康的根本基礎，如果睡眠不夠，不是靠睡更多能夠補回來。而且睡眠不足會嚴重影響五臟運作及免疫功能，降低學習或工作效率，甚至會造成人格特質的改變。

想要擁有充足的睡眠，提升睡眠的品質也很重要，有7大要點須注意：

1. 在固定的時間入眠，最好在晚上11點前上床。
2. 布置舒適的睡眠環境，調整合適的亮度、室溫、濕度，及挑選天然材質的寢具。
3. 運用腹式呼吸，就是鼻子吸氣、嘴巴吐氣。
4. 睡前2個小時之內不飲食。
5. 保持愉快的心情。
6. 學習裸睡，因為裸睡可以促進全身肌肉伸展，讓血液循環更通暢。
7. 睡前泡個10至20分鐘的熱水澡，水中可添加一碗粗鹽或備長炭更好。

五色燴飯

◎材料

糙米飯	1碗	洋蔥	30克	樹薯粉	20克
四季豆	30克	香菇	30克	醬油	少許
紅蘿蔔	30克	樹薯粉	1小匙		

◎做法

1. 將糙米飯裝於碗中，備用。
2. 把四季豆切段，紅蘿蔔、洋蔥切片，香菇切塊。
3. 平底鍋以小火熱鍋，投入四季豆、紅蘿蔔、洋蔥、香菇，再倒入1/2杯好水，稍微翻炒後蓋上鍋蓋悶煮。
4. 將樹薯粉調水和勻，倒於鍋中勾欠，加醬油拌勻後熄火，把燴料淋在飯上即可。

涼拌海帶絲

◎材料

海帶絲	50克
薑	20克
紅辣椒	10克

◎做法

1. 將海帶絲稍微汆燙瀝乾後切段，紅辣椒切細絲，放進碗中。
2. 薑以磨泥器研磨成薑泥，倒入碗內，與海帶、紅辣椒拌勻即可。

退火菜湯

◎材料

小白菜	50克	竹鹽	少許
青蔥	20克	健康防癌高湯或好水	350c.c.
薑絲	20克		

◎做法

1. 小白菜、青蔥洗淨後，分別切段備用。
2. 把高湯倒於鍋中煮沸，投入小白菜、青蔥、薑絲、竹鹽，待再次煮沸即可熄火。

＊餐間水果－李子＊

李子雖然是屬於酸度高的水果，但含有豐富的礦物質，如鉀、鈣、鐵，還有蘋果酸、檸檬酸及醣類、葡萄糖等，可以促進消化液的分泌，增加腸胃蠕動，有消除疲勞、預防貧血、增進食慾的作用。而且李子亦有大量的食物纖維，是對付便秘的好幫手。

DAY 20 午餐 · Lunch ·

DAY 20 晚餐 · Dinner ·

墨西哥捲餅

材料

- 玉米粉……100克
- 中筋麵粉……150克
- 約60°C溫水……125c.c.
- 豆芽菜……80克
- 番茄醬……少許

做法

1. 將玉米粉和麵粉混合，用60°C溫水和成麵糰後，分成每團50克的小塊，桿成圓餅狀。
2. 平底鍋先塗少許橄欖油，以小火熱鍋，放進圓餅煎熟，即成墨西哥玉米餅。
3. 將豆芽菜洗淨後過滾水汆燙1分鐘，撈起瀝乾。
4. 取一片玉米餅平攤在桌上，塗抹上番茄醬後，夾取適量豆芽菜置於餅中央。
5. 將餅皮左右捲起，把豆芽包裹成捲即可。
6. 依序完成所有捲餅。

安眠鮮味湯

材料

- 海帶芽……30克
- 金針菇……30克
- 健康防癌高湯或好水……350c.c.
- 味噌……少許

做法

高湯倒於鍋中煮沸，放入海帶芽、金針菇、味噌，待再次煮沸即可。

陽光沙拉

材料

- 紅蘿蔔……50克
- 洋蔥……30克
- 青椒……50克
- 檸檬汁……1/2匙
- 蜂蜜……1大匙
- 蘋果醋……1小匙

做法

1. 將紅蘿蔔切絲，洋蔥、青椒橫切成細圈。
2. 把所有材料混合均勻，裝於盤中。
3. 檸檬汁、蜂蜜、蘋果醋拌勻成醬料，淋於沙拉上即可。

DAY 21

早餐 · Breakfast ·

蔬果開胃沙拉

材料

芒果……60克
高麗菜……50克
小黃瓜……80克
核桃……1大匙

做法

1. 將高麗菜洗淨後切絲，鋪於盤底。
2. 把小黃瓜切片，芒果去皮切塊，裝於盤中。
3. 最後擺上核桃即可。

地瓜芋頭泥

材料

地瓜……100克
芋頭……50克

做法

1. 將地瓜、芋頭放於電鍋中，蒸煮至熟爛。
2. 把芋頭取出，去皮搗成泥後，以湯匙挖取適量至手掌中，搓揉成丸狀。
3. 依序完成數顆芋頭丸。
4. 把地瓜取出，去皮搗成泥。
5. 拿一顆芋頭丸，挖取適量地瓜泥包裹在外，再搓揉成圓球。
6. 陸續將所有芋頭丸完全包裹地瓜泥即可。

糙米飯

材料

糙米……2杯
高湯……3杯

做法　將糙米、高湯一同放於電鍋中，蒸煮至熟即可。

＊光常的叮嚀＊

心情不順暢　身體不健康

情緒對健康的影響很大，而且醫學上已經證實，經常開懷大笑有助於免疫力的提升。一個經常批評、責備的人，免疫系統會差，身體自然就不健康。要隨時隨地讓自己的心情順暢，就要常常做到：喜樂、禱告、謝恩。還有一招「樂樂功」，能讓人越笑越快樂，自然保有最自然的健康。

樂樂功三階級：

1. 心想快樂的事，大笑三聲「哈！哈！哈！」
2. 大笑三聲「哈！哈！哈！」，加上兩腳一起「咚、咚、咚」踏地三步。
3. 「哈！哈！哈！」加上「咚、咚、咚」，再加上兩手一起「啪、啪、啪」地拍三次。

全麥蒸糕

材料

枸杞	60克	在來米粉	300克
松子	30克	全麥麵粉	300克
泡打粉	15克	好水	450c.c.

做法
1. 將在來米粉、全麥麵粉倒於大碗中，加入好水，攪拌成麵糰。
2. 將麵糰壓製成厚圓片，放於盤上。
3. 將盤子移至電鍋中，蒸約5分鐘後或待表面稍微變硬，均勻撒上枸杞、松子。
4. 再蓋上鍋蓋蒸10分鐘，取出待涼即可切塊食用。

甘味沙拉

材料

大番茄	1顆
青花菜	60克
西洋芹	40克

做法
1. 大番茄切成4片，西洋芹切薄片，備用。
2. 青花菜切小塊，過水汆燙1分鐘後撈起，瀝乾備用。
3. 將所有材料擺放盤中即可。

鮮味湯

材料

皇帝豆	50克	健康防癌高湯	500c.c.
海帶結	30克	竹鹽	少許

做法
1. 將高湯倒於鍋中煮沸後，投入皇帝豆、海帶結。
2. 待再次沸騰後轉小火，煮約15分鐘，至皇帝豆熟軟，再加入竹鹽調味，即可熄火。

＊餐間水果－草莓＊

含有豐富維生素C的草莓，不但可以增加身體的抵抗力，保護循環系統，而且加上含有鞣花酸、胡蘿蔔素、花青素等抗氧化物的緣故，可以阻止致癌物的產生，讓草莓成為防癌的重要角色。另外，草莓的纖維素含量也相當高，所以對於降低膽固醇、消除便秘、改善高血壓都有很好的效果。

DAY 21
午餐 · Lunch ·

DAY 21 晚餐 · Dinner ·

營養水餃

材料

低筋麵粉	300克	菠菜	100克	豆干	50克
好水	180c.c.	韭菜	150克	薑	30克

做法

1. 把1/2麵粉倒於大碗中，加入適量好水，揉製成麵糰。
2. 菠菜與好水加入果汁機中，攪拌均勻後，以白紗濾除菜渣，成菠菜水。
3. 將剩下的麵粉拌入菠菜汁，揉成綠色麵糰。
4. 麵糰搓成長條狀，切約2公分小塊後，以桿麵棍壓製成水餃皮。
5. 將韭菜切碎，豆干切小丁，混合均勻成餡料。
6. 分別把餡料包入水餃皮中，捏製成水餃。
7. 備一鍋滾水，將水餃投入，待再次沸騰後加1杯好水。
8. 待再次沸騰且水餃浮起，即可撈起。

附註 可依材料比例增加，一次多作數個，未食用的生水餃可密封放入冰箱冷凍庫保存，只要在食用前取出，以滾水煮熟即可。

彩色雜燴

材料

橄欖菜	50克
紅甜椒	30克
黃甜椒	30克
紫高麗菜	30克
乾香菇	3朵
橄欖油	1小匙
醬油	1小匙
米醋	1小匙

做法

1. 將香菇泡熱水至發，切絲備用。
2. 把橄欖菜切段，備一鍋滾水，一同汆燙橄欖菜、香菇後，撈起瀝乾裝於盤中。
3. 紅甜椒、黃甜椒、紫高麗菜切絲，拌勻後裝盤。
4. 最後將橄欖油、醬油、米醋拌勻後，淋在盤中即可。

玉米濃湯

材料

玉米粒	30克
紅蘿蔔	30克
馬鈴薯	30克
健康防癌高湯或好水	350c.c.

做法

1. 將紅蘿蔔、馬鈴薯切小丁，備用。
2. 取一鍋子，將高湯倒入煮沸後，投入玉米粒、紅蘿蔔、馬鈴薯，待再次煮沸即可熄火。

01 糖片蓮藕

材料：

蓮藕	100克
黑芝麻	少許
白芝麻	少許
甘蔗汁	600c.c.
米醋	1小匙
好水	200c.c.

做法：

1. 把蓮藕洗淨切薄片，備用。
2. 把甘蔗汁倒進鍋中煮沸，放進蓮藕片、米醋熬煮。
3. 以小火熬煮約30分鐘，至蓮藕軟熟且汁收乾。
4. 起鍋裝盤後灑上芝麻即可。

02 腐皮番茄

材料：

豆腐皮	1片
大番茄	60克
青蔥	20克
竹鹽	少許
冷壓橄欖油	1大匙

做法：

1. 將豆腐皮切約1公分寬條，番茄切小塊，青蔥切成蔥花。
2. 將平底鍋倒入橄欖油後熱鍋，放入所有材料稍微翻炒後，加入竹鹽、1大匙水，蓋上鍋蓋悶煮1分鐘。
3. 掀開鍋蓋，再翻炒均勻即可熄火起鍋。

03 豆腐嫩蒸

材料：

嫩豆腐	1盒
青豆仁	10克
香菇	10克
高湯	50c.c.

做法：

1. 香菇洗淨後切薄片，備用。
2. 將豆腐、高湯放進果汁機中，攪拌均勻。
3. 倒出裝於大碗中，鋪擺上香菇、青豆仁。
4. 將大碗移至電鍋中，蒸約20分鐘至全熟即可。

04 爽口拌菜

材料：

黃豆芽	50克
木耳	30克
香菇	30克
米醋	2大匙
辣椒	10克
醬油	少許
麻油	少許

做法：

1. 將木耳切絲，香菇切薄片，辣椒切小段，備用。
2. 備一鍋滾水，將黃豆芽、木耳、香菇過水汆燙，撈起瀝乾。
3. 加入米醋、辣椒、醬油、麻油拌勻，即可裝盤。

05 南洋咖哩

材料：

洋蔥	50克
馬鈴薯	60克
紅蘿蔔	40克
高湯	300c.c.
咖哩粉	2大匙
冷壓橄欖油	1大匙
醬油	少許

做法：

1. 將洋蔥、馬鈴薯、紅蘿蔔切塊，備用。
2. 取一平底鍋倒入橄欖油後熱鍋，放入洋蔥、馬鈴薯、紅蘿蔔翻炒至表面略熟。
3. 倒入高湯、咖哩粉、醬油攪拌均勻，轉小火沸煮約30分鐘即可。

06 金棗蘿蔔絲

材料：

金棗	3顆
白蘿蔔	80克
枸杞	1大匙
梅汁	1大匙
香菜	1支

做法：

1. 白蘿蔔切細絲，香菜切細碎，一同裝於碗中。
2. 金棗擠汁後切細丁，與汁一同拌於白蘿蔔上。
3. 再加入枸杞、梅汁，攪拌均勻後靜漬30分鐘即可。

07 蔬菜凍

材料：

紅蘿蔔	30克
青豆仁	30克
山藥	50克
蒟蒻粉	50克
健康防癌高湯	100c.c.
梅汁	1大匙

做法：

1. 將紅蘿蔔、山藥切小丁。
2. 備一鍋滾水，依序將紅蘿蔔、青豆仁、山藥投入汆燙至熟，撈起瀝乾置於碗中。
3. 把蒟蒻粉倒入碗中，慢慢加入高湯，攪拌均勻至黏稠狀。
4. 倒入模型中，放置冰箱冷藏庫中靜置，食用前取出切塊，並淋上梅汁即可。

08 酸甜下飯菜

材料：

番茄	50克
鳳梨	50克
青椒	30克
番茄汁	1大匙
好水	1大匙

做法：

1. 將番茄、鳳梨、青椒切塊備用。
2. 取一平底鍋加熱，將番茄、番茄汁、好水先放入，拌炒均勻，再加入鳳梨、青椒翻炒約3分鐘即可。

09 簡易大阪燒

材料：

麵粉	50克
水	50c.c.
高麗菜絲	100克
海苔粉	1大匙
白芝麻	1大匙
健康美味粉	1大匙
冷壓橄欖油	1大匙

做法：

1. 將麵粉、水、健康美味粉於碗中拌勻成麵糊。
2. 高麗菜切細絲後，拌入麵糊中。
3. 取一平底鍋加熱後，倒入橄欖油，並將麵糊倒入鍋中。
4. 以小火慢煎約5分鐘，再翻面煎5分鐘。
5. 用竹筷插入中央，取出時若沒有麵糊沾黏在筷子上，即可熄火起鍋。
6. 放入盤中，最後撒上海苔粉、白芝麻即可。

10 綜合燴野菇

材料：

香菇	20克
鮑魚菇	20克
秀珍菇	20克
甜豌豆	30克
薑絲	少許
醬油	1大匙
橄欖油	1大匙

做法：

1. 將香菇、鮑魚菇、秀珍菇切片，備用。
2. 取一平底鍋加熱先炒薑絲後，倒入醬油、橄欖油。
3. 投入菇類翻炒，再加入甜豌豆炒1分鐘，即可熄火起鍋。

11 茄汁馬鈴薯

材料：

紅番茄	100克
馬鈴薯	100克
洋蔥	30克
大蒜	2顆
高湯	1000c.c.

做法：

1. 馬鈴薯切大塊，紅番茄、洋蔥、大蒜切小丁，備用。
2. 取一湯鍋將所有材料投入，以大火煮至沸騰後轉小火，續煮約30分鐘即可。

12 燉蔬菜鍋

材料：

香菇	3朵
黑木耳	10克
芋頭	50克
番茄	30克
凍豆腐	1塊
山東大白菜	100克
高湯	1000c.c.
竹鹽	少許
烏醋	少許

做法：

1. 白菜切段，黑木耳切絲，芋頭、番茄切塊，備用。
2. 將高湯倒入湯鍋中加熱，以大火煮至沸騰時投入所有材料。
3. 至再次沸騰後轉小火，燉煮約30分鐘，至所有材料熟爛為止。

13 蔬菜鹹派

材料：

南瓜	200克
蘋果	50克
紅蘿蔔	50克
甜椒	30克
蘆筍	30克
松子	1大匙
全麥麵粉	200克

做法：

1. 將麵粉慢慢加水，搓揉成均勻麵糰。
2. 以桿麵棍將麵糰壓成麵皮，鋪於烤盤上。
3. 蘋果、紅蘿蔔、甜椒、蘆筍切小塊，備用。
4. 把南瓜蒸熟後搗成泥，拌入蘋果、紅蘿蔔、甜椒、蘆筍。
5. 混合均勻的南瓜泥倒在麵皮上，並用刮刀將表面整平。
6. 烤箱預熱180°C，將烤盤放入烤至表面成金黃色即可。

14 味噌蘿蔔片

材料：

白蘿蔔	150克
味噌	2大匙
竹鹽	1大匙
米醋	1大匙
紅辣椒	1支

做法：

1. 辣椒切薄片，備用。
2. 將蘿蔔連皮切薄片後，放至大碗中。
3. 灑上竹鹽，靜置1天，待蘿蔔出水。
4. 取出蘿蔔片後拌上味噌、米醋、紅辣椒，再放置一天即可。

15 原味蔬菜串

材料：

青椒	30克
紅蘿蔔	50克
馬鈴薯	50克
鳳梨	50克
薑汁	1大匙
醬油	1/2大匙
蜂蜜	1大匙

做法：

1. 將所有材料切塊，裝於大碗中攪拌均勻後靜置30分鐘。
2. 把薑汁、醬油、蜂蜜調勻，即成醬料。
3. 取竹籤將材料依序串上。
4. 蔬菜串置於烤盤上，表面刷些許醬料，並不時轉面，至表面略呈現烤痕即可。

16 營養珍珠丸

材料：

糯米	50克
紫山藥	200克
荸薺	50克

做法：

1. 將糯米事先泡水2小時。
2. 將紫山藥放進電鍋中蒸至熟透，取出去皮後搗成泥。
3. 荸薺削皮後切成細丁，拌入山藥泥中。
4. 把糯米瀝乾鋪於盤中，抓取適量山藥泥揉搓成球狀，放入盤中滾動，使均勻沾黏上糯米。
5. 把完成的珍珠丸擺放盤中，放入電鍋中蒸約半小時即可。

17 脆炒青江菜

材料：

青江菜	50克
洋蔥	30克
香菇	30克
松子	1大匙
竹鹽	少許
橄欖油	少許

做法：

1. 把青江菜切段，洋蔥、香菇切片，備用。
2. 取一平底鍋加熱，先放入洋蔥、香菇，拌炒後再放水、青江菜、竹鹽、橄欖油，翻炒均勻至熟即可。

18 薑汁菠菜

材料：

菠菜	60克
薑	30克
芝麻	1小匙
麻油	1小匙
味噌	少許

做法：

1. 薑磨成泥，與芝麻、麻油、味噌調勻成醬料。
2. 菠菜洗淨切段後，入滾水燙熟後瀝乾，最後淋上醬汁即可。

19 燴白菜

材料：

白菜	100克
腰果	50克
高湯	50克
樹薯粉	1小匙
竹鹽	少許

做法：

1. 大白菜洗淨後，切段備用。
2. 將腰果與高湯一同放入果汁機中，攪拌均勻。
3. 取一平底鍋加熱，將所有材料放入，煮至白菜熟爛。
4. 起鍋前以樹薯粉勾芡，放入竹鹽拌勻即可。

20 蘆筍雜燴

材料：

西洋芹	50克
蘆筍	50克
白果	20克
好水	200c.c.
醬油	1大匙
橄欖油	1大匙

做法：

1. 西洋芹切斜片，蘆筍切段，備用。
2. 取一平底鍋，將白果、水一同煮至軟，再加入西洋芹、蘆筍、醬油、橄欖油，翻炒均勻至熟即可。

21 清蒸茄子

材料：

茄子	100克
蒜頭	1顆
味噌	1小匙

做法：

1. 茄子洗淨切約5公分長段，排列於盤中。
2. 蒜頭去皮研磨成泥，鋪在茄子表面。
3. 放上味噌後，將盤子移至電鍋中，蒸約20分至茄子熟軟即可。

Q&A 健康排毒餐常見問題

❶ Q：排毒餐中的「一份」份量是多少？

A：排毒餐中所指的一份，會因為每個人的食量而有所不同。建議一份以50公克或60公克為基準，再視需要增減之。

❷ Q：排毒餐中的根莖花果類蔬菜，除了書上所示，還有哪些？

A：根類食材 如：胡蘿蔔、白蘿蔔、蕪菁、辣根、根菾菜、牛蒡、菊薯、豆薯。

莖類食材 如：蒟蒻、芋、筍、嫩莖萵苣、球莖甘藍、榨菜、山葵、馬鈴薯、山藥、蓮藕、蘆筍、百合、荸薺、薑、洋蔥。

花類食材 如：花椰菜、青花菜、金針花、韭菜花、曇花。

果類食材 如：番茄、甜椒、辣椒、茄子、枸杞、黃秋葵、甜玉米、菱角、蓮子、破布子、小黃瓜與其他瓜類。

❸ Q：吃排毒餐覺得手腳冰冷，怎麼辦？

A：手腳冰冷乃是因為身體的循環、新陳代謝不佳所致。

在吃的部分，可以透過性溫的食材，例如：薑、蔥、洋蔥，來協助改善。在日常生活部分則可以藉由泡澡來紓緩改善。

❹ Q：吃地瓜會一直放屁，有什麼方式解決？

A：因為地瓜本身含有氣化酶，因此當它進入消化系統消化時，便會產生氣體；若身體腸道系統此時又呈酸性，則產氣量將更多，甚至會有脹氣現象發生。唯有讓身體的腸道系統維持一定的弱鹼性，這樣放屁、脹氣的狀況才能隨之舒緩改善。

❺ Q：吃排毒餐分泌物變多？

A：這是典型的排毒反應，恭禧您，請繼續加油。

❻ Q：排毒期間重症患者為什麼不可以吃芽菜類、豆類與葉菜類？

A：自行孵育的黃豆芽和綠豆芽可以食用，市場上所售的芽菜類則須特別謹慎，因為潛藏含有漂白劑與除草劑的可能性極高，苜蓿芽則不建議吃。豆類則是大多數豆類含大量植物油和蛋白質一般人適量的吃是無妨，但癌症病人常吃、多吃會吃進過量油脂和蛋白質，而過量油脂和蛋白質會使身體慢性中毒（例如肥胖症和癌症）。葉菜類不宜生食的原因是因為葉菜類的農藥殘留機會較根莖類大，且葉菜類容易長寄生蟲。

⑦ Q：南瓜、黃豆、菇類是很好的抗癌食物，為什麼吃排毒餐不能吃？

A：南瓜、菇類在中醫的觀點上是較容易「發」的食物（所謂「發」意指容易引起身體過敏反應），而黃豆則是臨床上的研究顯示不適合腫瘤病人食用，故建議在食用排毒餐的當下，避免食用這3種食物。

⑧ Q：不吃魚肉蛋奶的話，要怎麼攝取足夠蛋白質？

A：吃排毒餐可以由藻類、豆莢類、堅果類、雜糧類來攝取蛋白質。

⑨ Q：排毒反應有哪些？怎麼知道是否為排毒反應？

A：可能產生的排毒反應列舉有：頭痛、虛弱、感到不舒服、皮膚敏感、大便緩慢、拉肚子、多尿、疲倦、不想動、神經緊張、易怒、消極及憂鬱、發燒或其他類似感冒的症狀。有的宿疾，被藥物壓制沒有真正痊癒的會發出來。如高血壓患者，血壓可能暫時更高，有糖尿病者血糖可能更高（不用擔心，這是好現象），不需理會，過幾天自然會恢復正常。無論如何，大多數人會發覺這些反應是可以忍受的，而且你應該很高興，因為這套健康排毒餐對你特別有效。排毒反應所持續的時間3天～2個星期不等，視個人體質而異。

⑩ Q：排毒期間如何緩解排毒之不適症狀？

A：在排毒反應時，要多休息、多睡覺、多喝好水或多吃植物綜合酵素，症狀就會減輕。

⑪ Q：吃排毒餐期間是否可以吃中藥？

A：吃排毒餐期間可以吃中藥，不會有衝突。而且，常會有相乘效果，可放心使用。

⑫ Q：吃排毒餐體重是不是會一直下降？如果本身就很瘦，不想體重減輕怎麼辦？

A：吃排毒餐的初期，體重會下降，因為排毒餐中的食材本身纖維含量高，會刺激腸道蠕動，增加排便，加上低油低鹽低糖，所以體重會下降。但排毒餐會幫助體質的調整，因此體重不會一直下降。一般來說，瘦到比標準體重再瘦一點點後，就會再回到標準體重。

⑬ Q：身體虛冷可以吃排毒餐嗎？

A：身體虛冷可以吃排毒餐，食用期間可以熬煮薑湯服用，或者在烹調過程中佐以添加青蔥、蒜、洋蔥等食材。

⑭ Q：吃排毒餐是否一定要配合植物綜合酵素和植物能量素（昆布粉）？

A：吃排毒餐期間如能配合植物綜合酵素和昆布粉，則排毒的效果將會更完全、更顯著。

⑮ Q：書上說慢性病和癌症患者所吃的東西必須由專業人員測試過，哪裡可以有這樣的專業人員？

A：各地都有已陸續經過訓練的工作人員和志(義)工，詳情可洽台灣886-2-29203986 路加公司。

⑯ Q：化療、放療或電療期間可以吃排毒餐嗎？需要注意什麼？

A：化療、放療或電療期間可以吃排毒餐，但須注意食材的來源是否有污染，生食部分的蔬果建議買自然農耕的食物，再以解毒機解毒過後才食用。

⑰ Q：是否只能喝昆布湯？

A：湯的部分可以利用海藻類、蔬菜來熬湯，其中可以添加昆布，但亦需要注意食材的多樣化，避免偏食狀況產生。

⑱ Q：排毒餐是否一點調味品都不能加？

A：食用排毒餐初期可先從低油低鹽低糖的調味方式，循序漸進的讓味蕾甦醒，進而能夠不添加任何調味品，讓味蕾真正感受食物的味道，並能減輕身體各臟器的負擔。若用調味料，建議以竹鹽取代白鹽，以冷壓橄欖油代替其他油類。

⑲ Q：除了吃糙米，還可以添加哪些穀類？

A：糙米可搭配以下食材一起煮食。

穀類：胚芽米、小米、薏仁、野米、糯米（紅、白、黑）。

麥類：大麥、小麥、蕎麥、印加麥、黑麥（裸麥）。

雜糧：高粱、玉米、莧米、芡實、珍珠米、洋薏仁、蓮子、綠豆、紅豆。

乾豆類：扁豆、米豆、黑眼豆、菜豆（黑、紅）。

鮮豆類：四季豆、長豆、毛豆、皇帝豆、甜豆、豌豆、肉豆、豆莢。

發酵豆：納豆。

⑳ Q：排毒餐是否一定要在書上所寫的時間內吃完？

A：排毒餐如能在書上所說的時間內吃完，效果最佳；如作息無法配合，則亦要按時定量。無論如何，適時吃總比沒吃好。

21 Q：上班族要怎麼吃排毒餐？

A：上班族吃排毒餐可將一果二蔬攪打成蔬果汁飲用，至於地瓜和糙米的部分，則可於睡前煮好，早上再做成手捲或壽司進食之。

22 Q：夜間工作者要怎麼吃排毒餐？需要補充什麼？

A：夜間工作者吃排毒餐同書上所述即可，額外需補充維生素B群和植物綜合酵素。但身體經絡運行皆有其一定的規律，故長遠的為身體健康著想，最好避免夜間工作。

23 Q：早上一定要喝七合好水（1260c.c.的好水）嗎？喝不完怎麼辦？

A：起床後刷牙前喝水能有助於身體排毒，當然早上要一口氣喝完七合水是有點困難，因此初期可先由500c.c.開始，再陸續增加即可。若您早餐是將一果二蔬打成果汁，則一早的好水500c.c.~700c.c.足夠矣。

24 Q：排毒餐要吃多久，才會有效？癌症才會有改善？

A：吃排毒餐其實是一種飲食方法、生活方式，從飲食開始淨化，進而淨化我們的身體，癌症患者由於身體酸鹼值長期處於酸性，故如欲透過排毒餐來淨化身體，提升臟器健康，則至少要持續食用4~6個月來改善。我再說，健康排毒餐是一種生活，是一種從飲食開始生活模式。

25 Q：排毒餐是不是只要吃21天就可以？

A：吃21天排毒餐是對於現在身體沒有疾病的人而言；對於慢性病患者或腫瘤患者，則至少需要4個月的時間，而且三餐都吃，並配合14天強力排毒，還要力行健康每日7件事。

26 Q：什麼是好水？好水哪裡買？

A：400年前明朝李時珍所編《本草綱目》所述「雪水」，即是我心目中的好水。唯今世上長壽村多數都在半山腰或各地，以致於經常可得天上來的好水。一般人可依書中所列需求，挑選優良的淨水系統使用。

27 Q：酵素是不是每個人都需要補充？一次要吃多少？

A：酵素是幫助身體生化反應進行的催化劑，存在於生菜與蔬果當中。除非您每天皆能夠攝食足夠量的生菜與蔬果，否則建議您能額外補充之。就沒有疾病的人而言，可於三餐飯前補充之；對於有慢性病或腫瘤的患者，建議搭配排毒餐食用，補充方式如《無毒一身輕》書上所述即可。

28 Q：酵素是不是就是酵母？

A：酵素不是酵母，Enzymes are not Yeast. 兩者是不一樣的。身體所有的活動與反應幾乎都需要酵素參與，才能順利進行，酵素可以維持身體正常功能、消化食物、修復組織......等。酵母含有豐富的維生素B

群與植物性蛋白質，可改善容易疲勞的現象，對於常有嘴角破皮困擾的人，也可發揮不錯的改善效果。

㉙ Q：吃昆布是不是可以代替植物能量素（昆布粉）？

A：昆布粉是經由德國高科技生物技術從數種藻類中萃取出來的礦物質補充劑，有別於一般的昆布，昆布粉可補充身體必需的7種礦物質，快速調整酸性體質為鹼性體質。當然吃昆布雖對身體有益，但仍無法取代昆布粉。

㉚ Q：腎臟病人不能吃藻類，那可以吃昆布粉嗎？

A：一般而言，腎臟病人需注意「鉀」的攝取，昆布粉本身是礦物質的補充劑，異於一般的海藻昆布食品，所以腎臟病人可以食用昆布粉，無須擔心。

㉛ Q：住在中國內地，蔬果選擇性少，要如何吃排毒餐？

A：健康排毒餐，是一種健康飲食與生活模式，故無論您在何方，均可以過書中所介紹的生活方式。

㉜ Q：小朋友要怎麼吃排毒餐？

A：小朋友吃排毒餐比大朋友更重要，更有幫助，而且影響一生。

㉝ Q：嬰兒不喝牛奶，要喝什麼？

A：嬰兒最好喝母奶，如不喝母奶則可以喝糙米漿、小米、豆奶或羊奶。2歲以上小朋友，則更不應該喝牛奶，牙齒已長齊，應正常均衡攝取食物。

㉞ Q：吃排毒餐期間，感覺身體比較虛弱？

A：吃排毒餐期間並非身體比較虛弱，乃是身體因為毒素減少而感到輕鬆。

㉟ Q：吃排毒餐很容易餓，肚子餓可以吃什麼？

A：健康排毒餐消化快，不增加身體負擔，故您容易感覺肚子餓，還是正常現象，餓時可以水果、堅果、地瓜來消除饑餓感。

㊱ Q：怎麼知道身體是酸性還是鹼性？

A：可以用一般藥房所售pH值試紙測唾液即可知。

㊲ Q：是不是所有的東西都要連皮吃？

A：一般來說是的，但也要特別注意，龍眼、荔枝等，它們的外層是殼而非皮。

Introduction

What is a healthy, detoxifying diet?

Many people believe that if you never get sick, you must be in good health; however, it is exactly this type of misapprehension that frequently leads unknowingly to the gradual deterioration of healthy bodies. And the primary causes of this lapse into ill health are improper nutritional habits and lifestyle.

The fact is modern people must keep themselves in good condition under intense, competitive pressure. In a frantic search for equilibrium they develop an endlessly expanding appetite for new foods, and over a long period of time become exposed to all kinds of high-fat, high-cholesterol, high-sodium, low-fiber, low-carbohydrate, chemically-enriched substances. This will eventually cause the body's immune system to become weak and imbalanced, and one will inevitably fall prey to all kinds of chronic illness and disease. At this point, our highly-developed medical technology induces us into the trap of resorting to pharmaceutical preparations, meanwhile causing us to overlook the erroneous dietary habits and poor lifestyle which underlie most health issues.

Therefore, the concept of a healthy, detoxifying diet involves allowing the body to take in the nutrients it needs, while eliminating those substances which are burdensome or actively harmful to physical well-being. What this means is that only when we have cleared our bodies of toxins can we begin to enjoy a state of perfect wellness, and naturally avoid the threat of disease.

Recommendations for a healthy diet

◆How to eat a healthy breakfast

Breakfast should consist of one part fruit, two parts vegetables, one part sweet potato, and one part brown rice. Procedural guidelines:

1. Utilize the following principles when choosing fruits: be sure that they are locally grown, in season, and picked at peak production times. Any fruits that are imported or are out-of-season and that have been kept under refrigeration are unsuitable for consumption.
2. Vegetables should also be chosen in accordance with the above principles. They can be divided into four major groups: root, stem, flower and fruit.
3. When selecting sweet potatoes, bear in mind that the yellow-fleshed kinds are the most nutritional, and remember to eat sweet potatoes along with their skin. Those suffering from chronic illnesses may increase the quantity of sweet potato to two parts per/meal.
4. When preparing brown rice you can add in small red beans, purple rice varieties, Job's tears (a kind of wild grass seed), soybeans or any other type of grain.
5. If sweet potatoes are not grown in your locale, regular varieties of potato may be substituted.

◆Lunch and dinner meal tips

Lunch and dinner menus should consist of 60-65% whole-grain cereals, 25-30% vegetables, 10-15% legumes and seaweed, and 5-10% soup broth. Procedural guidelines:

1. In food preparation one should steam, boil, scald or stew - of which steaming is by far the recommended method.
2. Proportionally, the whole-grain part of the menu should include 70% staples like wheat and rice, along with 30% coarser food grains.
3. Eat 1/2 to 3/4 of all vegetables raw in order to allow your body to absorb the optimal quantity of enzymes.
4. Leafy and sprouted vegetables are excellent for the health, but they are relatively unsatisfactory for the diet of those who are in the process of recuperating from illness.
5. Those suffering from cancer, high uric acid levels or kidney disease should not eat the full portion of proteins from legumes, etc.
6. In soups, you may use liberal amounts of seaweed or laver: the broth should be boiled.
7. Eat fruit as a between-meal snack, but remember not to eat two or more types of melon at the same time: this might cause diarrhea.
8. Every day, drink at least 3,000 cc of cold water.

Twelve dietary taboos

When putting a detoxifying diet plan into effect, why must one choose foods so carefully? This is because the assimilation of certain kinds of unsuitable food and drink may indeed aid in detoxification, but can also introduce other toxins into the body. In the following list of food taboos, you will see foods which are likely to cause secondary harm to the body.

1. Fish, shrimp, crabs and other seafood: Due to the fact that the world's bodies of water are becoming ever more polluted, the living things populating these waters have in turn absorbed many pollutants, especially large quantities of heavy metals which are harmful to the kidneys.
2. Meat:Besides causing the human body to become acidic, meats have also been injected with many antibiotics and hormones designed to fatten animals quickly for human consumption. Such pharmaceutical preparations linger on in meats and are harmful when eaten.
3. Eggs:Eggs have high levels of concentrated protein that is difficult for the body to digest and absorb. They also contain complex hormones which can cause allergic reactions.
4. Milk:After undergoing Pasteurization, the calcium contained in cow's milk will become non-organic: in this form it cannot fulfill the body's calcium requirements, and may also increase the incidence rate of gall or kidney stones, or of calculus formation. Moreover, once milk has been broken down in the digestive tract, a strong acid resembling "ammonia" is produced. Ironically, in order to reestablish a proper acid-base equilibrium, the alkaline calcium contained in the bones is dissolved and leeched out, thus leading to a greater calcium deficiency.
5. Oils:Foods that have been prepared using oil, whether they are sauted or deep-fried, will take from four to twelve hours to digest -- this is a huge burden for the body. Additionally, the fats contained in oil can cause hardening of the arteries, make blood vessels lose their elasticity, lead to the build-up of fatty deposits, and create dangerous obstructions to blood circulation.
6. Salt:By consuming heavily salted food you are taking in large quantities of sodium. As the body's store of sodium increases, its corresponding store of potassium will decrease and a dangerously high state of acidity will ensue: this might cause cells to become cancerous.
7. Sugar:When refined sugar enters the body, it triggers the release of calcium and vitamin B. Furthermore, sugar absorption leads to thickening of the blood: this will cause a decrease in vitality and a greater feeling of fatigue.
8. Monosodium glutamate:Monosodium glutamate is a commonly utilized seasoning that stimulates the taste buds, making foods seem tastier. However, once it has been heated it is difficult to eliminate from the body, and it can influence the central nervous system and optical nerves. Eaten over a long period of time, it will cause dryness of the mouth and tongue, headaches, inability to concentrate, fatigue and hair loss.
9. Soy sauce:There is a large amount of sodium in this product, which might have an unhealthy influence on the blood pressure.
10. All refined and processed foods:Refined and processed foods have neither nutritional nor energizing properties: this is due to the fact that during the refining process, a considerable amount of nutritional elements are lost.
11. Caffeinated foods and beverages:Because caffeine stimulates the nervous system it can boost energy, make the heart beat faster, elevate blood pressure and make one feel full of vitality. Caffeine also has pain-relieving effects and can be addictive, so it is a potential health hazard.
12. Alcoholic foods and beverages; chilled or frozen products:Alcohol is profoundly harmful to the body; it can cause headaches, damage the liver, have deleterious effects on the central nervous system, increase the risk of cancer and heighten the incidence rate of coronary disease. Consuming chilled or frozen products may easily damage the kidneys -- women in particular should avoid this type of food and drink.

The ten main principles for making healthy dietary choices

1. Emphasize whole-grain foods

Unprocessed wheat, rice and other coarser grains contain an abundance of nutrients and dietary fiber. This fiber is useful for preventing constipation, alleviating diarrhea and warding off cancer of the colon and large intestine - none of these advantages are provided by refined or processed foods. Moreover, whole-grain foods are beneficial for the spleen, and cause the stomach's digestive and assimilative functions to improve. Cereals should be selected carefully for suitability; they should be locally-grown, hence different types of grain will be appropriate in different locales. For example, cereals grown south of the Yangtze River (also Southeast Asia) include brown rice, red rice, millet, Job's tears[1] and so on; among North American grains there are wheat, barley, oats, buckwheat, etc.

2. Seed-bearing vegetables

Vegetables contain generous amounts of alpha-carotene, folic acid, vitamins A and E, as well as fiber. If one eats a sufficient quantity of vegetables daily, this will fulfill all of the body's nutritional requirements and keep one in peak condition. This will also help the body fight infection and become disease-resistant. Vegetables are classified according to which part is generally eaten: there are leafy green, cruciferous, seed, pod, fruit and gourd, rhizome, corm, tuber, mushroom and seaweed, nuts and dried bean varieties. By utilizing them in different pairings and groupings, they will supply the body with all of its nutritional requirements.

3. Fruits with pits

Fresh fruits contain a generous amount of vitamins and minerals, especially vitamins A and C; they also provide fiber, natural sugars and water. Fruit is highly nutritional and quite tasty. This type of food is easily digested and assimilated by the body, especially when put through a blender along with the peel and drunk as fruit juice -- in which case the entire digestion process will only take one half hour to complete. Another thing to keep in mind is that only fruits with seeds or pits are truly energizing. Do not select the "convenient" newer varieties that have been genetically altered, such as seedless grapes, watermelon, etc. - eating them can be harmful for the body.

4. Locally-grown produce

Generally speaking, 'locally-grown' implies produce that has been grown on the same latitude or within the same climatic zone. Different parts of the world are dissimilar, so foods taken by people living in different locales are not the same. In fact, plants native to certain areas also function as medicaments for curing local diseases. Therefore, people living in a tropical climate should not eat foods imported from polar or temperate climatic zones, and so on.

5. Peak-season produce

All agricultural produce is planted, grown and harvested at specific times and seasons; therefore, we should consider these agricultural laws and rhythms when selecting foods for our own consumption, for in so doing we fulfill our own natural rhythms, as well. Foods grown during a certain season also serve as medicinal plants which can cure the illnesses most readily caught at that time. This is because crops register temperature, seasonal variations, humidity, angle of sunlight, cosmic rays and soil qualities. Having recorded all of this information, produce is then consumed by people and naturally aids their bodies to adjust to these climatic and seasonal changes. Therefore, those who always eat imported, out-of-season or pre-ripened fruits and vegetables will not be in the best of health.

As to judging what counts as peak-season produce, just go to the market and look for those fruits and vegetables that are the most plentiful and also the most inexpensive. But still keep in mind that what you select should be locally grown.

6. Ripe produce

Every type of plant has its own growth period, but merchants nowadays want produce picked unnaturally early; they also utilize lots of chemical fertilizers, pesticides, hormones, and so on. Such chemical compounds enter our bodies along with the foods we consume, profoundly influencing our physical well-being.

7. Total utilization of produce

Every part of fruits and vegetables has its own nutritional value, so eating all parts together will yield the best health benefits. Be sure that you include every part of fruits and vegetables in your meals; do not throw areas like the peel or leaves away just because their texture seems odd or their flavor is not so pleasant. If your eating habits are like this, even though your diet might include many kinds of produce, your health will never improve as much as you would like.

8. Heating in water as the best food preparation method

Cooking in hot water -- i.e. boiling, poaching, steaming, stewing or scalding -- is the best way to prepare foods. In October, 2003, a report was issued by the Spanish Science Commission stating that according to their research, boiling was the ideal cooking method, since it preserves the nutritional contents of food in their entirety.

On the other hand, the cooking method most harmful to the body is deep-frying, which transforms any ingredients into high-fat foods. When fats are consumed in excess, the blood vessels are apt to become clogged with fat, leading to an increased likelihood of coronary disease. Eating too much high-fat food will cause obesity and throw the metabolism into a state of disequilibrium; in addition, it will invite disease, increasing the liver's burden as this organ breaks down the body's wastes.

9. Recommended proportions of raw foods at mealtimes

At every meal, it is best to keep 50% or more of all fruits and vegetables for raw consumption. Due to the fact that vitamins and enzymes are easily destroyed or washed away during the cooking process, cooked foods are less nutritious and the digestion might suffer as a result. As soon as you resume eating raw foods, bodily functions will begin to operate efficiently, the aging process will be slowed down, and you will be brimming with vitality.

10. Fasting

By fasting in a healthy and reasonable way, overworked digestive organs will be allowed to rest, toxins can be quickly eliminated from the system, and the constitution will be tuned up and readjusted. You may fast from one to seven days, beginning with a one-day fast and gradually building up your capacity. During a fast nothing should be eaten, and only good-quality water should be taken. Accompany this regimen by maintaining slow and even breathing, easing up on heavy work, and keeping the intestines well-irrigated: in this way, physical health and well-being will be naturally and effortlessly enhanced.

1 Job's tears:This grain is actually a kind of wild grass seed. It is grown for table use in parts of China, and may even be higher in protein than most other cereals. These seeds are also used as jewelry beads.

Getting Prepared for this Detoxification Program

All food planning and preparation should be centered around single portions. For those who are unwell due to recent surgery, whose digestion is poor, or for children, the recommended quantities of water or food ingredients may be decreased or diluted according to individual judgment. Afterwards, thickness and water content can gradually be increased.

Those who are temporarily unable to cope with a full detoxification regime may build up slowly; for example, one can start with the recommended breakfast, and then successively add on other meals.

For those who have trouble adjusting to the full dietary plan and its stipulation to avoid all seasonings, natural seasonings or seasoned health-food preparations, health-food anti-carcinogenic soups, and so on, may be used as flavor enhancers.

Healthy do-it-yourself anti-carcinogenic soup

Ingredients:
A - Kelp
B - Chinese black mushrooms, white turnip, turnip greens, large tomatoes, corn, carrots, burdock root, soy bean sprouts
C - Fresh ginger
D - Water
Proportions - A : B : C = 4 : 2 : 1
Preparation:

1. Assemble all ingredients according to the above proportions and individual requirements. Wash thoroughly, and then dice everything along with outer peel and put in a pot.
2. Pour water into the pot: the proper quantity should be 4-5 times the volume of the dry ingredients. Bring to a rolling boil over high heat.
3. Turn heat down to low and continue to stew the ingredients for two hours, then strain out the diced vegetables: the fluid contents can be used as cooking stock or soup broth.
4. Ideally one should drink this vegetable broth right away, as soon as it is done. For those who would prefer to make it in large quantities, wait until the stock has cooled, then either put it in a keep-fresh container or an ice-box container and store it in the freezer.

Healthy Do-it-Yourself Seasoning

Ingredients: Black sesame seeds, white sesame seeds, lecithin, brewer's yeast, pine nuts
Proportions: Use equal amounts of every ingredient
Preparation:

1. First, grind up the black and white sesame seeds along with the pine nuts.
2. Mix all ingredients evenly together, then store in an airtight container.
3. During food preparation, use in appropriate quantities as needed.

Healthy Do-it-Yourself Salad Dressing

[The author's thanks go to Mrs. Zhang, the pastor's wife at Hong Kong's 611 Spiritual Energy Hall, who kindly provided this recipe.]
Ingredients: 1 tsp. honey, 1 lemon, 1 tbsp. olive oil
Preparation:

1. First, squeeze the lemon and extract its juice.
2. Put all ingredients in a large bowl, and mix thoroughly with an egg-beater or blender until it becomes glossy, sticky and dense.
3. Pour into a keep-fresh container: the dressing may be stored in the refrigerator for about one week.
4. For those who would like to create different flavors, try mashing other kinds of fresh fruit and adding this to the mixture.

Recommended Seasoning Ingredients

Natural seasonings include: lemon, kelp, Chinese black mushrooms, basil, onion, ginger, garlic, chili pepper, corn
Health-food products: raisins, bamboo salt, rice vinegar, brown sugar, honey, maple sugar, natt[1], miso, rice wine, himamatsutake mushroom[2]

Multi-Grain Brown Rice Medley

Ingredients: Brown rice - 70%, Multi-grain mixture (Lotus seeds, Job's tears, Chinese wolfberry, millet, small red beans, red jujube) - 30%
Items to keep in mind during food preparation and at mealtimes:

1. Before cooking, soak the brown rice in water for 4 hours; the multi-grain mixture should be soaked for one hour. Steep these ingredients in good-quality water - do not use tap water.
2. A pinch of bamboo salt, a small quantity of oil or prepared charcoal sections may be boiled in the pot prior to the insertion of the main ingredients. This will enhance the quality of the rice, mitigate its coarseness and astringency, and make it keep longer.
3. After meals, do not eat pastry or drink additional beverages: doing this would impede the digestion and render detoxification ineffective.

4. During hot summer weather, for children, or for those with hot constitutions, use one type of grain only; for example, use either brown rice or semi-polished rice[3] as an accompaniment for sweet potatoes.
5. During cold winter weather, or for those with weak, chilly constitutions, a wider variety of starches may be selected to accompany meals.
6. For those who live in tropical or polar climatic zones, hulled rice, millet, oats or buckwheat may be added to supplement the brown rice.
7. Eating wheat and grains together will provide more gluten, which can enhance physical stamina; however, this mixture tends to make the body acidic, so it is unwise to eat this combination over a long period of time.
8. Those suffering from excess stomach acid or who constantly feel hungry can correct these conditions by selecting alkaline foods like brown rice or natto to accompany meals.
9. White rice is suitable for alkaline body types. To correct cases of diarrhea, boiled rice congee will yield excellent results.

If you absolutely cannot do without cooking oil, please be sure to utilize cold-pressed olive oil.

Conversion Table for Cooking Measurements:

1 cup = 240 cc. = 16 tbsp. 1 tbsp. = 15 cc. = 3 tsp. 1 tsp. = 5 cc. 1/2 tsp. = 2.5 cc.
1/4 tsp. = 1.25 cc.

For those in a normal state of health who find that eating more raw foods for lunch and dinner leaves them feeling still hungry, 3-5 types of cooked vegetables may be added: they should be boiled or fried in water; these foods can also be poached, steamed, scalded, simmered, or stewed in soy sauce.

1 Natto is a traditional Japanese food made from fermented soy beans. It is covered with a sticky paste, and has a distinctive odor. The Japanese eat natto with rice. It is rich in nutrients, such as saponin (a cancer controller), proteins, oligosaccharide, food fibre, and vitamins B1, K2 and E.

2 Himamatsutake [also known as Royal Sun Agaricus, or Agaricus Blazei Murrill] is an edible mushroom with medicinal properties. It is known as the number one Japanese nutritional supplement, for it contains a wealth of enzymes, amino acids, vitamins and minerals. It has been found effective in the treatment of lung cancer, and prevents oncogenesis, tumors and tumor metastasis.

3 Semi-polished rice retains 75% of its outer wrapper of bran, whereas so-called brown rice has 80% of its outer skin. White rice retains only 70% of this outer casing.

Dr. Lin's Twenty-One Health Reminders

1. A good way to get rid of lingering agricultural chemicals

If you wish to eat raw vegetables in peace of mind, first deal with the problem of lingering agricultural chemicals. Besides carefully choosing fresh vegetables that have been grown without chemical fertilizers or pesticides, there are three other means of avoiding chemically-treated foods:

1. The simplest way is to grow your own vegetables.
2. Find a farmer who can grow your food for you.
3. Make use of the 03 Ozone, namely the OZONE Vegetable Detoxifier. When selecting this kind of device, be sure that it will dispense from 200 to 250 mg. of ozone per/hour: be especially careful not to exceed 300 mg, which would have a detrimental effect on the health. This device must be made in accordance with the German manufacturing code, for Germany has the world's highest standards.

2. Be careful about food additives

Due to the rapid development of food chemistry and food processing technology, modern life is now full of all kinds of processed foodstuffs; one can see snack foods, instant food packets, fast foods, etc., everywhere, all of which are packed with large quantities of food additives. These so-called food additives serve the purpose of adding coloration, seasoning, preservatives, aroma enhancers, quality stabilizers and anti-oxidizers, and also have a wide range of other uses in the processes of manufacture, packaging, shipping, storage and so on. All of this adds to or touches upon a food product's price and quality.

Besides food additives such as sugar, salt, wine, vinegar, and so on, that count as natural ingredients, many others are synthetic chemical substances. That is to say, food additives are only designed to extend a product's period of freshness or make the color, aroma and flavor more appealing. None of this entails any health benefits; furthermore, food additives influence a person's health and can be dangerous cancer-inducing agents. Therefore, even though there are legal standards governing food additives, if one wants to prevent chemical toxins from entering the body, the appropriate preventive measure is total avoidance.

3. Instructions for drinking good-quality water

It goes without saying that replenishing the body's supply of water is important for sound health. Besides drinking a daily requirement of 3,000 cc, there are three periods within the course of a day during which one should drink some water: after getting up in the morning, at approximately 3 p.m. in the afternoon, and in the evening between 7 and 9 p.m. During the summer months of July and October, the body's water requirements will increase substantially.

Taking 1,260 cc of cold water immediately after getting up in the morning will yield excellent results. Those suffering from kidney ailments, coronary disease or cirrhosis of the liver should drink water in accordance with their physician's instructions. Moreover, there is a medical saying that "4 a.m. is a deadly time", because strokes most often occur during the pre-dawn hour of 4 o'clock in the morning. At this time, the blood's density and viscosity levels are at their highest: if one drinks 200 cc of water before going to bed, this can help to reduce blood density.

In addition, whether or not one's drinking water is of a good quality is also important, for water not only quenches thirst but also provides the body with necessary minerals and trace elements. Drinking water should answer to a number of criteria. It should retain its original mineral content while being free of carbonation, extraneous substances and heavy metals. Water should be slightly alkaline, with an alkalinity level of 7.4; it should be in accordance with fresh drinking water standards; it should contain oxygen; its molecular structure should be regular and have a high density; and electric-powered water filters should not be utilized in its processing.

4. The all-important sweet potato

Do not underestimate the importance of the sweet potato! Among all detoxifying foods, it is the most important - that means, you must eat sweet potatoes.

That is because the sweet potato is not only high in fiber and low in fat, but also has an incredibly rich supply of vitamins, minerals and amino acids: just about every nutrient required by the human body is to be found in the sweet potato. Cooked sweet potatoes appear as number one on the list of the top forty anti-carcinogenic foods as set forth by the Japanese Cancer Research Center, and raw sweet potatoes are listed as number two, which demonstrates how mightily the sweet potato contributes to human health. Something else to be aware of is that yellow-fleshed sweet potatoes provide more energy than the red varieties.

Sweet potatoes may either be baked or boiled: they should be baked at temperatures lower than 15℃ and boiled at 15℃ and above. And be sure not to forget to eat sweet potatoes with their skins.

5. The best time to eat a detoxifying breakfast

What time should one eat breakfast for the best detoxification results? It is best to take breakfast between 6:30 and 7:30 in the morning; more precisel, those suffering from chronic diseases should eat breakfast between 6:30 and 7 a.m., whereas for those whose intention is only to stay fit, eating between 6 and 7:30 a.m. is best. Why is this? It has to do with the operating times of our internal organs. God created the marvelous human body so that each of its organs comes into play at a different time; each organ looks after its own set of functions, but still operates in cooperation with other organs. The morning hours of 5-7 a.m. correspond to the large intestinal meridian[1]: during this time period, intestinal peristalsis operates most intensely.

Therefore, once proper eating and drinking habits have been established, right after eating a detoxifying breakfast one will have a healthy bowel movement, eradicating any previous eliminatory problems.

6. The body's reactions to detoxification

Several days after beginning a detoxifying diet, some people may feel unwell as an apparent side-effect. This is actually a reaction caused by the body functions' having taken a turn for the better: an "improvement reaction" [known by doctors as the Jarisch-Herxheimer reaction - or 'Herx' reaction for brevity.] Once the body has absorbed detoxifying foods it can begin to assimilate all kinds of nutrients, and as soon as the body has taken in these balance-inducing elements, the cells become enlivened and begin clearing the system of wastes. Chinese medicine refers to this as the "feeling worse while getting better reaction".

Generally speaking, the more serious the disease, the more intense will be the Herxheimer reaction. It may occur at different times within the course of treatment, and will last for varying periods of time; the exact nature of the reaction will also vary. Whenever this uncomfortable change for the better starts to take place, keep on with your dietary regime - on no account give up!

Some common recuperative reactions are:

Headache, dizziness, heightened body temperature, joint pains, nausea, breathing difficulty, pimples, diarrhea, weakness, increased urination, lethargy, nervousness, irritability, depression

7. When eating, chew slowly and swallow carefully for enhanced brain power

At every meal, be sure to chew each mouthful of food 30 times - do not wolf down your food. The longer you chew, the healthier you will become: you will feel more youthful, and your dental health will also benefit. Try this little experiment: place your hands on your temples, and then make chewing movements. You will find that your temples move, as well. This is because when chewing, there is also activity around your brain, enlivening this organ, enhancing brain development in children and warding off senility in elderly people.

Furthermore, biting into and chewing food encourages the production of saliva, which not only contains digestive enzymes that help the stomach to assimilate foods but also possesses strong antiseptic properties. Saliva can help to eradicate the cancer-inducing agents that foods may contain.

Careful chewing also aids in the reduction of draining mental pressure because during the process of chewing food, the enormous feelings of tension experienced by modern people are released, leaving one feeling cheerful and content.

8. If you consume too little dietary fiber, watch out for intestinal cancer

Eating too many highly-refined processed foods will lead to a heavy deficiency of nutritional fiber, causing digestive system imbalance.

What is known as dietary fiber is a substance that is stored in plants and cannot be broken down by digestive tract enzymes: it has neither caloric nor nutritional elements. This fiber stimulates intestinal peristalsis; hence, as food being digested travels through contracted intestinal pathways, more cholesterol, fats, cancer-inducing agents and other harmful substances can be extracted. This greatly reduces the rate of incidence of intestinal, rectal and colon cancer.

Moreover, by assimilating enough fiber the stomach will take a longer time to discharge its contents, giving one an increased feeling of satiety and promoting weight control. This effect will also reduce the absorption of cholesterol and triglyceroids, and will also cut down on tooth decay.

9. Always eat fruits that are in season

In Chinese medicine, all of the ills of the human body are relegated to three causes: internal and external causes, as well as a type that is neither internal nor external. Internal causes have to do with moods: worries, thoughts, sorrow, fear and shock; such moods will influence the entire body's state of illness. External causes have to do with variations in weather conditions: wind, summer heat, humidity, dryness, cold, and heat; as soon as the body becomes unable to adjust to changing weather conditions, illness ensues. The third cause of human ailments has to do with unexpected problems, such as suffering an injury or eating and drinking harmful substances. For the most part, people get sick very easily from external causes, and one important factor leading to this kind of illness is eating out-of-season foods.

All fruit and vegetable produce is grown and harvested at different times; however, with the help of agricultural technology, modern people can now savor any kind of produce at any time. Foods nevertheless grow in accordance with fixed rules and will vary qualitatively with seasonal changes; hence, people should follow the rhythm of nature in their eating habits.

10. When eating fruits and vegetables, do not remove the skin

When preparing fruits and vegetables such as radishes, Chinese yam, burdock root, pumpkin, potatoes, muskmelon, pears, and so on, many people routinely remove the outer skin or peel. Perhaps they do not know that the outer skin is actually the most nutritious part. For the most part the inner flesh is acidic, whereas the peel is alkaline. This means that every part of a vegetable or fruit has its own special nutritional value: whether it is the peel, the flesh or pulp, the stalk, stems, roots or leaves, one should eat everything in order to establish acid-base equilibrium and bring the fullest healing effects into play.

Picture captions:

Oranges - The white-colored part of an orange peel is beneficial for the respiratory system.

Lemons - The pectin contained in lemon peel can lower cholesterol.

Bananas - Banana peel is beneficial for the heart. To prepare bananas, first wash them and then slice them across into thin circles, leaving a tiny ring of peel on each slice. In this way, they are easily consumed along with their peel.

Celery - Celery leaves contain heterozooid, which protects the health.

11. Milk is only for cows

Since childhood, the idea that milk is highly nutritious has been instilled in our minds. Milk is both a protein and calcium source, hence supermarket shelves are congested with any and every type of dairy product; however, contained in milk and other dairy products is a large quantity of assorted proteins which are not only significant causes of food allergies, but that also cause the stomach to secrete additional amounts of stomach acid and enzymes, making ulcers in the digestive system flare up more intensely. Besides this, there are other ailments like chronic rhinitis, swollen lymph glands, chronic ear inflammation (otitis), etc., that will show enormous improvement if one simply stops consuming dairy products.

Furthermore, the idea that milk and dairy products can compensate for the body's lost calcium is erroneous; in fact, the more protein is absorbed by the system, the more calcium will be allowed to drain out of bone matter. This just goes to show that if one wishes to maintain a state of calcium equilibrium in the body and keep the bones strong and healthy, one ought to cut down on calcium consumption rather than taking a greater amount of calcium supplements.

12. Eating sugar will make you age faster

Sugar has an enticing sweetness that is irresistible for many people, but if one eats an excessive amount of it over a long period of time, healthy body fluids of a weakly alkaline nature will be influenced by acidic sugar, thus becoming either weakly acidic or neutral. Due to this chemical change the body's cells will age at a faster rate; the hair will also be affected, and will whiten or turn a lack-luster shade.

Moreover, after sugar has been absorbed into the system, insulin secretion will be stimulated and the sugar will be transformed into fat. Such changes will have a deleterious effect on the normal appetite; it will prevent the absorption of vitamins, minerals and other nutritional elements, and may easily lead to unwanted weight gain.

Even more serious results of excessive sugar consumption are a heightened incidence rate of gallstones, uterine tumors and mammary gland cancer, as well as dissipation of the body's store of calcium leading to osteoporosis. By stimulating the stomach's secretion of fluids, sugar intake can cause this organ's mucous membranes to become damaged, causing gastritis and stomach ulcers.

13. Say good-bye to stomach pain and feel great!

For modern people, the pace of life is fast, work pressure is enormous and dietary habits are abnormal -- all of which has made stomach-ache one of the most common health annoyances. Viewed from a Chinese medical perspective, anything that obstructs the flow of qi in the spleen and stomach will cause stomach-ache symptoms.

As soon as a detoxification plan is under way and fresh, healthy food and drink has been restored to one's diet, the stomach and intestinal tract will be purified, so that peristalsis can once again function normally and symptoms of nausea, bloating and constipation will disappear. Additionally, normal digestive absorption will resume, allowing the system to derive a full range of nutritional elements - especially vitamins A and C -- from foods; the finest result of this process is that mucous membranes lining the walls of the stomach will be repaired and resume their original functioning.

Besides altering your diet, try to find ways of eliminating stress from your life: let the mind and body relax, and follow natural patterns in the alternation of work and recuperation. In this way, stomach-aches will be cured once and for all.

14. Staying healthy by eating cereal staples and other multi-grain foods

According to traditional Chinese medicine, eating the five basic cereal foods will nourish the "true qi"[2] of the five major internal organs.[3] Chinese medical classics stress that "Of the ten-thousand things born under heaven, the five cereal crops are the finest". This means that the five main cereals and other courser grains serve to nourish the spleen: once the spleen is healthy, the stomach will also be healthy and the entire body will thrive.

This is due to the fact that besides providing starches, unrefined multi-grain foods also contain an abundant supply of vitamins, minerals and all-important, health-promoting dietary fiber. This fiber can absorb toxins, bile and other cancer-inducing substances, and then cause their speedy elimination, thus dramatically decreasing the incidence rate of intestinal cancer as well as absorbing oils, fats and cholesterol. Fiber definitely promotes good health.

The starches contained in cereals are "resistant starches" that are widely stored in carbohydrates. Eating this kind of starch will not result in unwanted weight gain; on the contrary, since the small intestine has a hard time breaking it down and digesting it, the stomach will feel full for a longer time and the growth of beneficial intestinal bacteria will be stimulated, maintaining intestinal acidity. This process accelerates the breaking down and elimination of toxins; it also aids in controlling body weight.

15. Getting to know the body's natural clock

The human body operates according to its own natural laws and time patterns: if you adhere to the operational laws of this physiological clock, it will greatly aid physical maintenance and recuperation. There are three periods of time that one should pay special attention to:

1. Between 5 and 7 o'clock in the morning is when the large intestinal meridian discharges its wastes: this is the most opportune time for ridding the body of toxins.
2. From 9 to 11 p.m. is when the Triple-burner meridian's[4] immunological functions can recuperate; at this time, the body is beginning to enter a resting state.
3. Between 11 p.m. and the early morning hour of 3 a.m. the liver and gall bladder meridians can restore themselves. This crucial time period, when the liver recuperates and new blood is created, must absolutely be spent in sleep.

Those of a weak constitution or suffering from illness should grab this golden opportunity for health improvement and become habituated to going to sleep at 9 p.m.

16. Getting used to a meatless diet

Many people have a hard time overcoming their desire to eat meat, but here are a few ways of gradually changing one's dietary habits:

1. Reduce your meat consumption to one meal per day, and only eat one kind of meat at this time. Later on, it will be possible to extend the time lapse between meals that include

meat.
2. If you absolutely must have meat, restrict your intake to fish only.
3. Fish should only be consumed once or twice a week.
4. Be sure to have dinner before 6 p.m. every evening! Meals taken after 6 o'clock are burdensome for the digestive system and cause great damage to the body.
5. When cooking meat, it should be either boiled or steamed.
6. Restrict your meat consumption to 15% of your total dietary consumption.
7. Only eat meats at a temperature of 15_ C or below: at higher temperatures, meats can be damaging to the constitution.
8. Only eat meat at the very end of a meal.

17. Kelp - Straight from the ocean's energy storehouse to you!

Kelp [known as kombu in Japanese] is a richly nutritious plant that grows in the ocean: it is one of Asia's secret longevity elixirs. It contains quite a number of minerals that are highly important to the body, such as calcium, iron, manganese, copper, magnesium, potassium, silicium, etc.; additionally, kelp has a large amount of iodine, protein and other mineral substances, as well as vitamins A, B and C. All of these can be easily assimilated by the human body.

By eating kelp one can regulate cellular oxidation, boost the metabolism and effectively expel radiation from the system. This sea vegetable is also useful for maintaining the blood at its optimal state of weak alkalinity: it transforms acidic constitutions into alkaline ones. Moreover, because it contains a significant amount of dietary fiber it will expand as soon as it enters the intestinal tract, encouraging beneficial bacteria to go to work on sediments lingering in the large intestine and in this way contributing to better health.

It is true that nowadays the ocean is heavily polluted, which in turn has influenced the quality of seaweed. If one is uncertain regarding the dietary safety of kelp, it is better to purchase the active kelp powders that are sold commercially.

18. Enzymes are crucial for metabolic normality

In order for the body to operate normally countless metabolic reactions must constantly occur, and in order to maintain these reactions enzymes come into play. Enzymes help to regulate the physical constitution, promote cellular metabolism, protect and repair damaged body parts, and accelerate the elimination of wastes.

At times when due to increasing age, stress, excessive pressure in daily living, illness or imprudent dietary habits our bodies become deficient in enzymes, the metabolism will suffer: we will feel tired and lack strength, and will also suffer from weak digestion, flatulence, poor appetite, imbalanced internal secretions, unwanted weight gain and other undesirable symptoms.

The best way to regularize the body's supply of enzymes is to eat more fresh vegetables and fruits. Besides their usefulness in boosting our store of carbohydrates, vitamins and minerals, these foods' most important function is to ensure a sufficient supply of enzymes: particularly rich in enzymes are pineapples, avocadoes, bananas, mangoes and sprouts. If you feel that your dietary supply of enzymes is insufficient, it is also possible to choose commercially sold synthetic enzyme supplements.

19. Getting rid of excess weight

We are all aware of the fact that when our body weight exceeds normal standards we will suffer from more chronic illnesses and even run an increased risk of developing cancer. And of course, there are many who spend their entire life struggling with weight-loss diets.

In fact, if you want to get rid of excess weight, your very first step should be to allow your metabolism to return to normal functioning: this is because as soon as the metabolism is functioning regularly it will be next to impossible to put on weight. Furthermore, once you start eating healthy, detoxifying meals it will not only be unnecessary to suffer from hunger and cut down on dietary intake, but by utilizing the many enzymes and nutrients contained in raw foods the body and its metabolic functions will once again operate normally, stepping up the removal of toxins and wastes. On the average, one can lose one or two pounds a month in this way, and in the process of losing weight one will also become healthier and better-looking.

20. Get enough sleep for better health and enhanced well-being

Sleep is fundamental for good health: if one gets insufficient sleep, it is a good idea to start catching up. Moreover, insufficient sleep will heavily influence the functioning of the body's organs and immunological system, decreasing the ability to work and study efficiently; this might even lead to personality changes.

If you wish to get sufficient sleep and experience better-quality sleep as well, here are seven points to observe:
1. Go to sleep at the same time every night - before 11 p.m. is best.
2. Arrange for a comfortable sleeping environment with proper lighting, warmth and humidity; also, choose bedding made of natural materials.
3. Utilize abdominal breathing: breathe in through the nostrils and out through the mouth.
4. Do not eat for two hours before going to sleep.
5. Keep yourself in a happy frame of mind.
6. Get used to sleeping in the nude: this will promote muscle extension and cause the blood circulation to be free and unimpeded.
7. Before going to sleep, soak for ten to twenty minutes in a hot bath. You can add coarse salt or prepared slices of charcoal[5] to your bath water for even better results.

21. If you suffer from bad moods, you will never be in good health

Moods have an enormous influence on a person's health, and medical research has already proven that indulging in a good belly laugh on a regular basis will boost the immunological system. Those who are constantly over-critical of others and scold people tend to have weaker immune systems: this leads naturally to a state of physical discomfort. One should try to stay in a good mood at all times and places, constantly practicing happiness, prayer and thankfulness. There is also a trick known as the "good cheer method" which will make you get happier with every chuckle, ensuring the most natural kind of well-being.

This method consists of three steps:
1. Thinking of something that makes you happy, laugh three times out loud: Ha! Ha! Ha!
2. Laughing three times "Ha! Ha! Ha!", accompany this by stamping on the ground with both feet three times: Dong, dong, dong!
3. Laughing "Ha! Ha! Ha!" and stamping "Dong, dong, dong!", now start clapping: Clap! Clap! Clap!

1 According to Chinese traditional medicine, the body's internal organs are governed by acupuncture channels [meridians], each of which becomes most active at specific hours of the day or night.
2 'True qi': Chinese medicine differentiates qi into a wide range subcategories. This type of qi circulates in the meridians and nourishes the internal organs.
3 The ancient Chinese classics are not unanimous in identifying the Five Grains, hence it can be inferred that they are simply staple grains like rice, wheat, corn, millet, and so on. Since different locales and climatic zones will not support the same crops, there is no set definition for this term.
As for the Five Organs, these consist of five Yin organs - the heart, liver, spleen, lungs and kidneys, which store the body's building materials, as well as the five Yang organs - the large and small intestines, the gall bladder, stomach and bladder that control bodily functions.
4 The Triple-burner meridian runs from the left eye to the left fingertip. In Chinese medicine, the actual Triple-burner is a set of "organs" in the trunk corresponding to the area above the diaphragm, the area below the belly button, and the space between these two.
5 This charcoal is made of halved bamboo sections, and is used widely in Asia to purify water.

21 Day-by-Day Detoxification Diet Plan

DAY 1 Breakfast

◆Vegetable Salad

Ingredients:Guava 200 g. Red cabbage 30 g. Corn kernels 1 tbsp.

Preparation:
1. Wash the guava, and then chop it into small chunks. Set it aside, ready to use.
2. Take the red cabbage and pull it apart leaf-by-leaf: wash thoroughly. Chop it into small pieces.
3. Bring a pot of water to a boil and drop in the corn kernels; boil until they are done, then scoop them out and let them cool off.
4. Finally, put all of the ingredients on a plate and serve.

If you decide to blend these ingredients in a blender, you can also add in a suitable amount of lemon juice, honey, white sesame seeds, B-complex brewer's yeast, lecithin and pine nuts (or cashews), as well as synthetic vegetable enzymes, whole-grain flour, source calcium (made of kelp powder), plant seed fiber, and so on. With these additions, the effects will be even better.

◆Sesame Sweet Potato Balls

Ingredients:Black sesame 3 tbsp. Sweet potatoes 60 g.

Preparation:
1. Pour roasted black sesame seeds onto a plate, ready for use.
2. Put the sweet potatoes in a rice cooker and steam until totally tender and done.
3. Remove the sweet potatoes from the rice cooker, then place in a large bowl and allow them to cool. Once they have cooled off, use a large soup spoon to mash them into a paste.
4. Wash your hands, and then take up a suitable amount of mashed sweet potato: knead this into a ball in the palm of your hands.
5. Roll the sweet potato balls in the plate of sesame seeds: be sure that each ball is entirely covered with seeds. Serve.

If you have purchased raw sesame seeds, first pour them into a baking pan and roast them at a low temperature. They will now be ready to use.

◆Brown Rice and Job's Tears Medley

Ingredients:Job's tears 1 cup Brown rice 3 cups Filtered water 6 cups

Preparation:
1. Pour the Job's tears and brown rice into the inner pot of your rice cooker; pour in hot

water and let the grain soak for 30 minutes.
2. Place the inner pot in the rice cooker; pour 1 cup of water into the outer pot. Cook until the on-off button pops up, and then let it simmer for another 10 minutes. Serve.

DAY 2 Lunch

◆Three-Mushroom Soup with Bread

Ingredients:
Dried Chinese black mushrooms 5 stalks
Enoki mushrooms [Winter mushrooms, Flammulina velutipes (Fr.) Sing] 30 g.
Beech mushrooms [Hypsizygus marmoreus (Peck) Bigelow] 30 g.
Mixed-grain bread 2 slices
Healthy Anti-Carcinogenic Soup Stock or filtered water 250 cc.
Manioc starch 1 tsp.
White sesame seeds 1 tsp.
Ginger threads just a few
Preparation:
1. Soak the dried mushrooms until they are soft, and then chop them into thin strips. Set aside, ready to use.
2. Wash the enoki and beech mushrooms, and set them aside, too.
3. Drop the ginger threads into the soup stock and boil. Now, drop in the black, enoki and beech mushrooms.
4. Mix the manioc starch in water: blend evenly. When the soup stock has once again come to a boil, pour in the starch mixture and whisk it into a sticky paste.
5. Pour the thickened soup into a bowl - it's ready to go. Now, put the bread on top and sprinkle on the white sesame seeds. Serve.

◆Vegetable Sticks

Ingredients:Small cucumbers 1 cuke Carrots 80 g. Daikon turnips 50 g.
Plum juice 1 tbsp.
Preparation:
1. Wash the cucumber, carrots and daikon: chop into long slices.
2. Soak the daikon strips in plum juice for 10 minutes (this will lighten their astringent taste), and then stir in the other ingredients. Serve.

If you still find the daikon too pungent, you can soak it in water for 5 minutes to make its taste a bit more bland.

◆Cold Kelp Roots with Dressing

Ingredients:Kelp roots 50 g. Garlic 2 heads
Preparation:
1. Grind the garlic into a paste and set it aside.
2. Wash the kelp roots thoroughly, and then parboil in vigorously boiling water. Remove from the water, and let them dry. Now, stir the garlic paste into the kelp; mix evenly and serve.

For a change of flavor, you can add in some sesame seeds, sesame oil, ginger paste, lettuce fronds or miso.

Day 1 Dinner

◆Brown Rice with Soy Beans

Ingredients:Soy beans 1 cup Brown rice 3 cups
Preparation:
1. The night before you make this dish, soak the soy beans in filtered water, or else soak them in good water for 6 hours on the same day.
2. Soak the brown rice in water for 4 hours before cooking.
3. Drain the water from the rice and beans, and then pour them into the inner pot of a rice cooker. Pour in 6 cups of good water.
4. Place the inner pot in your rice cooker: in the outer pot, add 1 cup of water. Cook until the on-off button pops up, and then simmer for another 10 minutes. Serve.

◆Ashitaba Leaf and Bean Curd Soup

Ingredients:Ashitaba leaves (a plant belonging to the celery family) 50 g.
Silken tofu 1 piece Carrots 30 g. Bamboo salt a pinch
Healthy Anti-Carcinogenic Soup Stock, or filtered water 300 cc.
Preparation:
1. After washing the ashitaba leaves, chop them into approximately 5-cm.-long sections. Set these aside, ready to use.
2. Cut the soft tofu into approximately 3-cm.-long pieces; set aside.
3. Chop the carrots into thin slices and set them aside.
4. In a pot, bring the soup stock to a boil. Drop in the carrots and tofu; when the water returns to a boil, drop in the ashitaba leaves and bamboo salt. Wait until the mixture returns to a boil, and then turn off the heat.

◆Laver and Bitter Melon Rolls

Ingredients:Bitter melon 100 g. Western cabbage 30 g. Nori strips 2 strips
Preparation:
1. Cut open the bitter melon and wash it. Chop it into thin sections, and then parboil for 1 minute. Now, let it soak in plum juice for 30 minutes to alleviate its acidity.
2. Wash the cabbage, and then chop it into fine strips. Set it aside.
3. Spread the nori sheets out on a table-top: drop on the shredded cabbage and bitter melon slices. With your hands, roll everything up together. Serve.

DAY 2 Breakfast

◆Vegetable Juice

Ingredients:Apples 200 g. Baby cucumbers 60 g. Carrots 50 g. Filtered water 300 cc.
Preparation:
1. Chop the apples, cucumbers and carrots into small pieces, and then drop everything into a juice blender.
2. Add the water to the juice blender: blend until smooth. Serve.

1. For a taste change, you can also add in a suitable amount of lemon juice, honey, black or white sesame seeds, B-complex brewer's yeast, lecithin, pine nuts (or cashews), as well as synthetic plant enzymes, whole-grain flour, source calcium, plant seed fiber, and so on.
2. One half hour after drinking this fruit and vegetable juice, have a bowl of sweet potato rice. Especially for those with gastric problems and poor digestion, symptoms of flatulence may be felt if the two dishes are eaten in close succession.

◆Brown Rice, Sweet Potato and Wolfberry Balls

Ingredients:Sweet potatoes 60 g. Wolfberries 2 tbsp. Brown rice 2 cups
Preparation:
1. Put the brown rice into the inner pot of your rice cooker, wash it in clear water, and then add 3 cups of good water.
2. Wash the sweet potato until its outer peel is clean, and then chop it into small chunks (about 1 cm.); stir this into the brown rice.
3. After putting the inner pot into the rice cooker, pour 1/2 cup of water into the outer pot; boil for about 20 minutes, until fully cooked.
4. When it has cooled off a bit, blend the wolfberries evenly into the rice mixture with a rice ladle. Scoop out a suitable amount of this mixture and form it into rice balls - you will need to use a bit of pressure to squeeze it into the desired shape. It is now ready to serve.

Day2 Lunch

◆Baked Purple Rice Rolls

Ingredients:Purple rice 2 cups Wolfberries 2 tbsp.
Preparation:
1. Put the purple rice and wolfberries into the inside pot of a rice cooker. Wash in clear water, and then add 3 cups of good water.
2. Put the inner pot into the rice cooker: cook for 20 minutes, until the rice is done.
3. Wait until the rice has cooled off a bit, and then scoop out a suitable amount with a rice ladle. Use either your hands or a rice-ball mold to knead the rice into triangular rolls.
4. Drop the rice rolls into a frying pan and cook over low heat until the rolls have become slightly hard on the outside.
5. Flip the rice balls over and cook until the surface has become slightly dry and hard on both sides. Serve.

◆Chinese Yam and Kelp Soup

Ingredients:Chinese yam 30 g. Kelp 30 3. Scallion 1 stalk
Healthy Anti-carcinogenic Soup Stock, or good water 250 cc.
Ginger threads 10 g. Bamboo salt a pinch
Preparation:
1. Chop the Chinese yam into long slices and soak the kelp. Set aside, ready to use.
2. Wash the scallions, and then mince finely. Set these aside.
3. Pour the soup stock into a pot; add the kelp and ginger threads, and then bring the ingredients to a vigorous boil. Drop in the Chinese yam and bamboo salt: let the water return to a boil, then turn off the heat.
4. Remove from the pot and pour into a bowl. Sprinkle on the minced scallion and serve.

◆Three-Color Salad

Ingredients:Pumpkin 60 g. Cauliflower 60 g. Garden pea kernels 1 tbsp.
Miso 1 tsp. Sesame sauce 1 tsp.
Preparation:
1. Chop the pumpkin into approximately 5-cm.-long chunks.
2. Wash the cauliflower thoroughly, and then cut into short florets. Set aside, ready to go.
3. Bring a pot of water to a rolling boil. Drop in the pumpkin and cauliflower; boil until they are done. Now, add the peas and boil for another minute. Ladle out of the pot and let the mixture cool.
4. Put all of the ingredients into a bowl: stir in the miso and sesame sauce. Serve.

Day2 Dinner

◆Millet Pancakes

Ingredients:Millet 1 tbsp. Corn kernels 50 g. Whole-wheat flour 150 g.
Good water 50 cc.
Preparation:
1. Pre-soak the millet in good water for 30 minutes, or soak in hot water for 10 minutes.
2. Either mince or grind up the corn kernels, and then mix it in with the millet, flour and

good water. Knead this into dough.

3. Knead the dough into a ball, and then flatten it out with a rolling pin to form a thin piece of dough.
4. Over low heat, preheat a frying pan, and then lay the pancake dough out along the bottom of the pan. Cook until the surface has turned a golden-brown color. Serve right away.

◆Chinese Mushroom Shish Kebab

Ingredients:
Fresh black Chinese mushrooms 7 stalks
Garlic 2 heads
Mashed ginger 1/2 tsp.
Soy sauce 1/2 tsp.
Preparation:

1. Wash the black mushrooms thoroughly, and then remove their lower stems. Skewer them one-by-one through the center on bamboo skewers.
2. Put the shish kebab into the oven and cook at 250o F. for about 5 minutes.
3. Remove the outer skin of the garlic heads, and then grind them into a paste in a grinder. Now, blend this in with the ginger paste and soy sauce to make a sauce.
4. Take the shish-kebab out of the oven. Baste with sauce before serving.

◆High-Fiber Assorted Veggie Salad

Ingredients:
Shredded kelp 50 g.
Tiny bamboo shoots 50 g.
Corn kernels 1 tbsp.
Black vinegar 1 tsp.
Soy sauce 1 tsp.
Sesame oil 1/2 tsp.
Preparation:

1. Blend together the black vinegar, soy sauce and sesame oil to make a sauce.
2. Bring a pot of water to a rolling boil. Individually, drop in the shredded kelp, bamboo shoots and corn kernels: boil each ingredient separately until it is done.
3. Ladle the ingredients from the pot and let them cool. Put in a bowl; finally, scatter on the corn kernels as a garnish, and sprinkle on some sauce. Serve.

◆Russian Soup

Ingredients:
Western cabbage 50 g.
Stringbeans 10 pods
Large tomatoes 80 g.
Western onions 50 g.
Carrots 30 g.
Healthy Anti-Carcinogenic Soup Base, or filtered water 1,000 cc.
Bamboo salt according to taste
Preparation:

1. Pluck the leaves one-by-one from the cabbage and wash them. Wash the stringbeans, and then cut them into halves.
2. After washing the tomatoes, slice them into 4 sections: set aside for later use. Chop the onions and carrots into about 1-cm.-long cubes.
3. Pour the soup stock into a pot and bring it to a boil; add in the tomato and boil. Now, put in the carrots and onions and boil everything for another 15 minutes.
4. Put the cabbage and string beans into the pot and boil for about 15 minutes. Finally, add the bamboo salt and serve.

Day 3 Breakfast

◆Bananas

Ingredients:
Banana 1 piece of fruit
Preparation:

1. Remove the banana skin and eat the fruit as is.

1. To enhance the flavor, you can add a pinch of cinnamon to your banana.
2. Bananas are best eaten when small black dots have appeared on the peel.

◆Sweet Potato Pancakes

Ingredients:
Sweet potatoes 60 g.
Sweet potato flour 150 g.
Bamboo salt 1/2 tsp.
reparation:

1. After washing the sweet potato skins thoroughly, steam the potatoes in a rice cooker until soft and well-done.
2. Remove the sweet potatoes from the rice cooker and place them in a large bowl. After peeling them, use a large soup spoon to mash them into a paste.
3. Add the sweet potato flour and bamboo salt to the bowl: blend evenly to form dough.
4. Now, separate the dough into parts: knead into round balls of about 5 cm. in diameter. Use a rolling pin to flatten the dough into pancake shapes.
5. Over low heat, preheat a non-stick frying pan. Place the pancakes in the pan and cook them until the surface has turned golden-brown. Remove from the pan and serve.

◆Brown Rice and Vegetable Congee

Ingredients:Brown rice 1/2 cup Tomatoes 60 g. Small cucumbers 50 g.
Healthy Anti-Carcinogenic Soup Base, or filtered water 500 cc.
Preparation:

1. After washing the tomatoes and cucumbers, chop them into approximately 1-cm.-long cubes.
2. Put the soup stock and brown rice in a pot, cook until the rice is soft and done, and then turn off the heat.
3. Pour the tomato and cucumber cubes into the pot: stir them evenly into the rice congee. Serve.

You may also add some nuts or walnuts (about 5), or else boil 50 g. of potato cubes along with the brown rice.

Day 3 Lunch

◆Mixed-Grain Steamed Buns

Ingredients:Pine Nuts 1 tbsp. Black sesame seeds 1 tbsp. Wolfberries 1 tbsp.
Millet 1 tbsp. Whole-wheat flour 150 g. All-purpose flour 150 g. Yeast 4 g.
Brown sugar 1/2 tsp. Baking powder 3 g. Filtered water 150 cc.
Preparation:

1. Put the whole-wheat flour, all-purpose flour, and baking powder in a bowl. Slowly, stir in yeast mixed with good water: knead the mixture into dough as you are adding in the yeast.
2. Soak the millet in hot water for 10 minutes, and then pour it into the large bowl along with the pine nuts, black sesame seeds, wolfberries and brown sugar. Mix these ingredients evenly into the dough.
3. Place the dough in a dark, cool spot and let it rise for 20 minutes.
4. Form the dough into round balls; steam these in a rice cooker for 30 minutes. Serve.

◆Mixed Veggies

Ingredients:
Water bamboo [Zizania latifolia Turcz] 1 bunch
Enoki mushrooms (Winter mushrooms) 20 g.
Wood ear mushrooms [Auricularia auricular judae] 20 g.
Hot pepper 1 pod Cilantro 1 stalk Black vinegar 1 tsp. Soy sauce 1 tsp.
Preparation:

1. Wash and parboil the water bamboo and wood ear mushrooms, and then chop them into thin slivers along with the hot peppers. Set aside, ready to use.
2. After washing the cilantro, chop it into about 1-cm.-long sections.
3. Bring a pot of water to a rolling boil: drop in the enoki mushrooms and parboil until they are soft and done. Ladle them out of the pot and set them aside.
4. Take a large bowl: pour in all of the ingredients and mix evenly. Serve.

◆Soya Sprout Soup

Ingredients:Soya sprouts 50 g. Green garlic 1 head
Healthy Anti-Carcinogenic Soup Stock, or good water 1,000 cc. Bamboo salt a pinch
Preparation:

1. After washing the green garlic thoroughly, dice it finely.
2. Wash the soya sprouts, and then drop them into a pot of boiling soup stock; boil for about 15 minutes until done, then turn off the heat.
3. Remove the soup from the pot and pour it into a bowl. Garnish with minced garlic and bamboo salt. Serve.

Day 3 Dinner

◆Black-and-White Rice

Ingredients:Job's tears 1 cup Gingko 9 nuts Purple rice 1 cup Brown rice 1 cup
Preparation:

1. Soak the Job's tears in good water for 2 hours, soak the brown rice in good water for 4 hours, and soak the gingko in hot water until they are slightly softened.
2. Put all of the ingredients into the inner pot of your rice cooker and add 5 cups of good water.
3. Place the inner pot inside the rice cooker. Into the outer pot, add half a cup of water: cook for about 20 minutes. Serve.

◆Tomato and Nori Salad

Ingredients:Large tomatoes 200 g. Nori 2 sheets Pine nuts 1 tbsp.
Preparation:

1. After washing the tomatoes, cut them into 4 sections and put them on a plate.
2. With a scissor, cut the nori into thin strips. Sprinkle these on the tomato sections.
3. Finally, garnish the tomatoes with pine nuts and serve.

If you feel that the results are too bland, you can add some plums as a garnish.

◆Plain and Simple Vegetable Soup

Ingredients:Baby corn 4 ears Stringbeans 5 pods Carrots 30 g.
Healthy Anti-Carcinogenic Soup Base 250 cc.

Preparation:

1. Wash the baby corn and stringbeans, chop them into halves and set them aside.
2. After washing the carrots, cut them into thin slices; set aside.
3. Bring the soup stock to a boil in a pot. First, drop in the carrots and cook them until they are slightly softened; now, drop in the corn and stringbeans.
4. Bring the pot to a boil once again, and then add some bamboo salt before removing it from the pot. Serve.

Day 4 Breakfast

◆Healthy Vegetable Juice

Ingredients:Grapes 60 g. Western celery 60 g. Chinese yam 40 g. Filtered water 300 cc.

Preparation:

1. Wash the ingredients in good water: if you additionally use a vegetable detoxifier to purify them, that's even better.
2. Chop the ingredients into small chunks, and drop them into a juice blender along with some filtered water. Blend them well.

You can also add some lemon juice, honey, black or white sesame seeds, B-complex brewer's yeast, lecithin, pine nuts (or cashews), as well as synthetic plant enzymes, whole-grain flour, source calcium, plant seed fiber, and so on. Season to taste.

◆Sweet Potato and Veggie Salad

Ingredients:Sweet potatoes 100 g. Walnuts 1 tbsp. Sweet red pepper 20 g.
Western celery 30 g.

Preparation:

1. Cut the sweet potato into 3-cm.-long chunks; chop the sweet red pepper into thin slivers.
2. Bring a pot of water to a boil, and then drop in the sweet potato chunks and boil until well-done and soft. Ladle them from the pot and set aside.
3. After washing the celery, chop the middle part into about 20-cm. sections. Now, chop them into 3-cm.-long pieces.
4. Spread the sweet potato chunks, sweet red pepper, walnuts and celery out along the bottom of a platter. Sprinkle on some plum juice and serve.

◆Brown Rice

Ingredients:Brown rice 2 cups
Healthy Anti-Carcinogenic Soup Stock 2 cups

Preparation:

1. Soak the brown rice in good water for 4 hours; strain the water from the rice.
2. Put the brown rice and soup stock into the inner pot of a rice cooker. Place this pot in the rice cooker, then add 1/2 cup of good water to the outer pot and cook for about 20 minutes. Serve.

Day 4 Lunch

◆Nutritious Veggie-Covered Rice

Ingredients:Western celery 1 stalk Western mushrooms 3 stalks Corn kernels 1 tbsp.
Pumpkin 50 g. Brown rice 1 cup Healthy Anti-Carcinogenic Soup Stock 2 cups
Bamboo salt a pinch

Preparation:

1. Put the brown rice into the inner pot of a rice cooker: rinse it off a bit in clear water, and then pour in 11/2 cups of good water.
2. Place the inner pot in the rice cooker, and add 1/2 cup of good water to the outer pot. Cook for around 20 minutes; pour it into a bowl and set it aside, ready to use.
3. Wash the celery and chop it into 3-cm.-long sections. Set it aside.
4. After washing the mushrooms, cut them in half. Chop the pumpkin into approximately 3-cm.-long chunks.
5. Heat up a frying pan, and then pour in the soup stock, celery, mushrooms, corn kernels, pumpkin and bamboo salt.
6. Wait until all of the ingredients are soft and done: remove from the pot and scatter over the rice. Serve.

◆Chinese Long Bean Veggie Rolls

Ingredients:Chinese long beans 50 g. Lettuce 30 g. Sesame sauce according to taste

Preparation:

1. Chop the long beans into about 10-cm.-long sections. Bring a pot of water to a rolling boil; drop in the long beans and boil until done. Set aside.
2. Spread out the lettuce leaves: drop 3 pieces of long bean and a bit of sesame sauce onto each leaf, and then roll up the lettuce leaves to form veggie rolls.
3. Continue according to step #2 and finish rolling up all of the ingredients. Serve.

◆Chinese Mushroom and Kelp Soup

Ingredients:Dried Chinese black mushrooms 30 g. Kelp sprouts 30 g.
Healthy Anti-Carcinogenic Soup Stock 500 cc. Shredded ginger 10 g.Bamboo salt a pinch

Preparation:

1. Soak the mushrooms in water until they are soft; set them aside.
2. the soup base in a pot. Add in the Chinese mushrooms, kelp sprouts, shredded ginger and bamboo salt: boil for about 10 minutes, then turn off the heat and remove them from the pot.

Day 4 Dinner

◆Millet Rice Dish

Ingredients:Millet 1 cup Brown rice 1 cup

Preparation:

1. Pour the brown rice and millet into the inner pot of a rice cooker and rinse them off a bit. Now, pour in 3 cups of water.
2. Replace the inner pot in the rice cooker, and add one half cup of water to the outer pot. Cook for about 20 minutes. Serve.

◆Salad

Ingredients:Shredded kelp 30 g. Large cucumber 60 g. Western onions 30 g.
Hot red peppers one half Sesame oil 1/2 tsp. Black vinegar 1 tsp. Soy sauce 1 tsp.

Preparation:

1. Wash the cucumber, onions and pepper; slice them into thin slivers. Set aside.
2. Parboil the shredded kelp in hot water, then let it drip-dry.
3. Place all of the ingredients into a large bowl, mix evenly and serve.

◆Bean Curd and Mustard Greens Soup

Ingredients:Tofu 1 cake Mustard greens 50 g. Carrots 30 g.
Healthy Anti-Carcinogenic Soup Stock 250 cc. Bamboo salt a pinch

Preparation:

1. Wash the mustard greens, and then slice them into approximately 3-cm. pieces. Set them aside.
2. Chop the tofu into small chunks; shred the carrots. Set aside.
3. Bring a small pot of soup stock to a boil. Toss in the carrots and cook until they are soft. Successively drop in the tofu and mustard greens.
4. Once the pot has returned to a boil, add in the salt. Now, turn off the heat.

Day 5 Breakfast

◆Vegetable Juice

Ingredients:Red grapes 15 fruits Western celery 30 g. Carrots 50 g. Good water 200 cc.

Preparation:

1. Wash the celery and carrots, and then chop them into small pieces.
2. Place all of the ingredients in a juice blender, and blend until smooth and even. Serve.

The body is unable to absorb plant fiber, so you can strain this out of the fruit and veggie juice, or else squeeze the juice from these ingredients and drink.

◆Sweet Potato and Jujube Brown Rice Rolls

Ingredients:Sweet potatoes 60 g. Red jujubes 2 tbsp. Brown rice 1 cup

Preparation:

1. Wash the sweet potatoes, chop them into 1-cm.-long chunks, and then set them aside.
2. Put the brown rice and jujubes into the inner pot of a rice cooker; after rinsing them in clear water, add in the sweet potato and 2 cups of good water.
3. Put the inner pot into the rice cooker and steam for 45 minutes. Remove from the cooker and let it cool.
4. Scoop out a suitable amount of rice with a rice ladle: in your hands, knead this into bite-sized rice balls.
5. Each person can eat a different quantity of rice balls, so make enough to satisfy everyone.

Day 5 Lunch

◆Noodles in Cool Broth

Ingredients:
Ashitaba noodles 80 g.
Kelp sprouts 30 g.
White sesame seeds 1 tbsp.
Healthy Anti-Carcinogenic Soup Stock 300 cc.
Miso 1 tsp.

Preparation:

1. Pour the soup stock into a bowl.
2. Bring a pot of water to a rolling boil, and then drop the ashitaba noodles evenly into the water. Cook at a low boil for 6 minutes, then drop in the kelp sprouts.
3. After the water returns to a boil, turn off the heat. Ladle the noodles and kelp out of the pot and put them in the bowl. Add miso and scatter on some sesame seeds. Serve.

◆Garlic Paste and Boiled Amaranth

Ingredients:
Amaranth 50 g.
Garlic 2 heads
Sesame oil 1/2 tsp.
Bamboo salt a pinch

Mashed ginger 10 g.
Preparation:
1. Wash the amaranth, drop into a pot of boiling water and parboil.
2. Ladle out the amaranth and let it dry, then chop it into sections of about 7 cm.
3. Peel the garlic, and then dice it into small cubes. Mix this evenly with the sesame oil, bamboo salt and mashed ginger. Serve.

◆Spiced Greens

Ingredients:
Winter savory [Satureja montana] 30 g.
Young soybeans 30 g.
Hot red pepper 1 pod
Cold-pressed olive oil 5 drops
Preparation:
1. Wash the winter savory and chop it into 1-cm.-long pieces. Set it aside, ready to use.
2. Bring a pot of water to a rolling boil: drop in the young soybeans, and then add the winter savory and boil for 1 minute. Ladle this out and let it dry.
3. Chop up the pepper into small cubes. Mix it with the winter savory, soybeans and olive oil: serve.

Day 5 Dinner

◆Purple Rice Rolls

Purple rice 2 cups
Zongzi wrappers (Reed or bamboo leaves used as wrappers for triangular rice dumplings) 2 sheets
Preparation:
1. Wash the zongzi wrappers and clip each one into several 10-cm.-long strips.
2. In the inner pot of a rice cooker wash the purple rice, and then add 3 cups of good water. Steam until it is done.
3. When the rice has cooled off a bit, scoop out a suitable amount with a rice ladle and put it on a zongzi leaf. Roll the wrapper around the rice to form a triangular rice roll.
4. Make as many rice rolls as your family requires.

◆Cold Daikon Slivers with Sauce

Ingredients:
White turnip (daikon) 50 g.
Orange 1 fruit
Preparation:
1. Put the orange into a vegetable peeler and remove its peel. Set it aside.
2. Slice the peeled orange into sections, then squeeze out the juice.
3. Wash the daikon, and then chop it into slivers.
4. Put the daikon, orange peel and orange juice into a large bowl. Mix evenly and serve.

◆Braised Assorted Veggies

Ingredients:Cassava starch 10 g. Ginger 20 g.
Healthy Anti-Carcinogenic Soup Stock, or good water 80 cc. Kelp roots 30 g.
Sweet yellow pepper one half Sweet red pepper one half
Preparation:
1. Wash the sweet red and yellow pepper, and then chop into small slivers. Set them aside.
2. Mash the ginger into a paste with a ginger grinder. Set it aside.
3. Bring the soup stock to a boil. First, drop in the kelp roots and bring again to a boil; before removing this from the pot, add in the sweet pepper. Finally, add water to the cassava starch and whisk it into the mixture. Serve.

◆Tomato and Corn Soup

Ingredients:Large tomato 1 fruit Corn 1 ear Green soya kernels 1 tbsp.
Healthy Anti-Carcinogenic Soup Stock 1,000 cc.
Preparation:
1. Wash the tomato, and then slice it into thin sections.
2. Shuck the ear of corn: chop the ear into slices.
3. Bring a pot of soup stock to a boil. Drop in the tomato and corn; when the soup has returned to a boil, drop in the green soya kernels. Turn off the stove.

When you shuck the corn, do not throw away the corn silk - boil this along with the other ingredients.

Day 6 Breakfast

◆Nutritious Veggie Juice

Ingredients:Carrots 60 g. Western celery 60 g. Apples 100 g. Good water 200 cc.
Preparation:
1. Wash all of the ingredients in good water: if you purify the apples in a fruit and vegetable detoxifier, that's even better.
2. Chop the ingredients into small chunks. Drop these into a juice blender along with some good water and blend into fruit juice.

You can also add in a suitable amount of lemon juice, honey, black or white sesame seeds, B-complex brewer's yeast, lecithin, pine nuts (or cashews), as well as synthetic plant enzymes, whole-grain flour, source calcium, plant seed fiber, and so on.

◆Thick Sweet Potato Soup

Ingredients:Bamboo salt a pinch Ginger 3 slices
Sweet potatoes 2 spuds Healthy Anti-Carcinogenic Soup Stock, or good water 500 cc.
Preparation:
1. Chop one sweet potato into chunks; along with 500 cc. of soup stock, put it into a juice blender and blend until smooth.
2. Wash the other sweet potato and chop it into thin slivers. Set it aside.
3. Put the soup stock and sweet potato water into a pot and boil: add in the shredded sweet potato, bamboo salt and ginger. Boil over low heat for about 10 minutes. Serve.

◆Veggie and Rice Sandwich

Ingredients:Roundhead lettuce (iceberg) 50 g. Tomato 1 fruit Brown rice 2 cups
Preparation:
1. Put the brown rice in a rice cooker. Into the inner pot pour 3 cups of good water; in the outer pot, add 1 cup of good water. Boil until the on-off button pops up.
2. Slice the tomato and shred the lettuce. Set them aside.
3. Preheat a frying pan at a low heat setting. With a rice ladle, scoop out a suitable amount of cooked brown rice, separate it into 2 parts, and cook each separately.
4. Place one sheet of rice onto a platter. Take 2 tomato slices along with enough lettuce, and put these on top of the rice. Do likewise to the other sheet of cooked rice. Serve.

Day 6 Lunch

◆Health-Food Noodles with Dry Dressing

Ingredients:Black sesame seeds 1 tsp. Miso 1 tsp. Spaghetti squash 1 gourd
Health-boosting noodles 80 g.(These noodles are made with chrysanthemum flour and other health-promoting ingredients: see Dr. Luke's website)
Preparation:
1. Drop the noodles evenly into a pot of water that has been preheated to a rolling boil. After cooking over slow heat for 6 minutes, ladle them out. Set aside.
2. Remove the skin from the spaghetti squash and then chop it into small chunks. Put this in a pot of boiling water, cook until done, and then ladle from the pot.
3. In a large bowl, pour the noodles, squash, black sesame seeds and miso. Mix evenly and serve.

◆Salad

Ingredients:Pineapple 50 g. Garden pea pods 30 g. Cilantro 1 stalk
Hot red pepper 1 pod Plum juice 1 tsp. Plum vinegar 1 tsp.
Preparation:
1. Remove the pineapple skin and wash the hot pepper: chop them into approximately 1-cm.-long chunks. Set them aside.
2. Wash the pea pods and parboil them in water that has been heated to a rolling boil. Ladle them from the pot and let them dry; chop them into small sections and set them aside.
3. After washing the cilantro, chop it into small pieces. Set it aside.
4. Put all of the ingredients in a large bowl: mix well and serve.

◆Okra Soup

Ingredients:Okra 50 g. Kelp braids 30 g. Carrots 30 g. Bamboo salt a pinch
Healthy Anti-Carcinogenic Soup Stock, or good water 500 cc.
Preparation:
1. Wash the okra, and then slice slant-wise in half. Set aside.
2. Wash the carrots, slice them thinly, and set them aside.
3. In a pot, bring the soup stock to a boil. Drop in the kelp braids and carrots and bring to a boil again. Before removing from the pot, drop in the okra and bamboo salt. Turn off the heat.

Day 6 Dinner

◆Brown Rice Cake

Ingredients:Purple rice 1 cup Pine nuts 1/2 cup Raw peanuts 1/2 cup
White sticky rice 1/2 cup Cold-pressed olive oil 1 tsp. Bamboo salt a pinch
Preparation:
1. Wash the purple rice and sticky rice; soak them in good water for 1 hour.
2. Evenly mix in the pine nuts and peanuts, adding 2 cups of good water. Separately, pour into small bowls.
3. Put the small bowls into a rice cooker: in the outer pot, add 1 cup of good water. Steam until the button pops up.
4. Take out the already prepared rice cake and sprinkle on the olive oil and bamboo salt: mix evenly, form into a ball and serve.

◆Vegetables Braised in Good Water

Ingredients:Cabbage sprouts 50 g. Cauliflower 100 g. Cold-pressed olive oil 1 tbsp.
Bamboo salt a pinch
Preparation:
1. Wash the cabbage sprouts and cauliflower, and then chop into small pieces.
2. Preheat a non-stick frying pan over medium heat: add the cauliflower along with 1/2 cup

of water.
3. Now, drop in the cabbage sprouts, cover the pot and stew for about 3 minutes; turn off the heat. Before removing from the pot, mix in the olive oil and bamboo salt. Serve.

◆Two-Color Root Vegetable Soup

Ingredients:Carrots 50 g. Daikon turnip 50 g. Asparagus 50 g. Miso 2 tsp.
Healthy Anti-Carcinogenic Soup Stock, or good water 1,000 cc.
Preparation:
1. Chop the carrots and daikon into slices, and cut the asparagus into small pieces. Set them aside.
2. Bring a pot of soup base to a boil; now, drop in the carrots and daikon.
3. Wait until the mixture boils again, and then add the asparagus and miso. Stir everything together evenly, and then turn off the heat.

Day 7 Breakfast

◆Veggie Salad

Ingredients:Lettuce 120 g. Sweet red pepper 50 g. Corn kernels 50 g.
Preparation:
1. Pull the lettuce apart leaf-by-leaf and wash thoroughly. Now, tear the leaves into small strips and place them on a plate.
2. Wash the sweet red pepper, and then chop it into thin slivers: place it on the plate.
3.Parboil the corn kernels: scatter them on top of the other ingredients. Serve.

◆Avocado and Sweet Potato Soup

Ingredients:Raw avocado 60 g. Sweet potato 60 g. Bamboo salt a pinch
Healthy Anti-Carcinogenic Soup Stock, or good water 300 cc.
Ingredients:
1. Chop the raw avocado and sweet potato into small cubes. Set them aside.
2. Bring the soup stock to a boil in a pot, and then drop in the avocado and sweet potato. Once the pot boils again, add in the bamboo salt. Now you can turn off the heat.

If you have bought ripe avocados, you don't have to boil them; add them to the mixture just before removing it from the pot. Serve.

◆Healthy Steamed Buns

Ingredients:Cashews 1 cup Raisins 1/2 cup All-purpose flour 200 g.
Whole-wheat flour 100 g. Yeast powder 5 g. Baking powder 3 g. Good water 180 cc.
Preparation:
1. Crush the cashews into small, thin bits.
2. In a large mixing bowl, put the whole-wheat flour, all-purpose flour, baking powder and yeast. Add good water, and then mix the ingredients and knead them.
3. Drop the cashews and raisins into the mixing bowl: knead evenly to form dough.
4. Cover the bowl with a damp piece of cloth: set it aside for approximately 20 minutes, until the dough rises.
5. Knead the dough again, then form it into a long, narrow loaf. Cut into small sections; place this in a rice cooker and steam for about 15 minutes. Serve.

Day 7 Lunch

◆Job's Tears Rice Cooked in Healthy Soup Stock

Ingredients:Lettuce 30 g. Chinese black mushrooms 5 stalks Nori 2 sheets
Job's tears 1/2 cup Brown rice 1 cup
Healthy Anti-Carcinogenic Soup Stock, or good water 2,000 cc.
Preparation:
1. Wash the lettuce, chop it into thin strips: set it aside. Shred the nori sheets and set them aside.
2. Wash the black mushrooms and soak them until they have softened; mince finely.
3. In a pot, pour the soup stock, mushrooms, Job's tears and brown rice. Cook over high heat until the mixture comes to a boil, and then turn the heat to low and simmer for 40 minutes.
4. After removing the mixture from the pot and ladling it into bowls, garnish with lettuce and nori. Serve.

◆Cold Coral Greens with Sauce

Ingredients:Coral grass [Glehnia ittoralis Fr. Schmidt et Miq.] 10 g.
Soy beans 1 tbsp. Mint 2 leaves Good water 200 cc. Miso just a dab
Preparation:
1. First, soak the coral grass in warm water until it softens, and then chop it into strips. Set aside.
2. Wash the mint leaves, mince them, and set them aside.
3. Presoak the soy beans in good water for 4 hours. After boiling them over high heat, scoop out the bean skins that have floated to the surface. Now, cook over medium heat until soft: mash them into a paste.
4. Mix the coral grass, soya paste and mint together evenly. Serve.

◆Bitter Gourd and Pineapple Soup

Ingredients:Bitter gourd (balsam pear) 50 g.
Pineapple 50 g. Healthy Anti-Carcinogenic Soup Stock, or good water 250 cc.
Preparation:
1. Remove the pineapple skin, and chop the fruit into slivers along with the bitter gourd. Chop the pineapple skin into large pieces. Set aside.
2. Boil the soup stock in a pot. First, add in the pineapple skin and boil for 10 minutes; afterwards, drop in the bitter gourd and pineapple and bring the mixture to a boil again. Now you can turn off the heat.
3. Remove the pineapple skin: ladle the remaining mixture into bowls and serve.

Day 7 Dinner

◆Potato Pizza

Ingredients:Green pepper 30 g. Egyptian beans (a type of fava bean) 1 tbsp.
Cherry tomatoes 50 g. Potatoes 250 g. Cassava starch 1 tbsp.
Preparation:
1. Boil the Egyptian beans in rapidly rolling water, and then let them dry. Set aside.
2. Bring a pot of water to a rolling boil: drop in the potatoes and boil until they are thoroughly done. Ladle them out and chill.
3. Mash the potatoes with a large soup spoon; after mixing in the cassava starch, use a rolling pin to flatten the mixture out into round, thin pizza dough.
4. With a fork, prick the dough lightly: cover the entire round with fork-marks.
5. Cut the tomatoes into sections, chop the peppers into small cubes, and mix these with the Egyptian beans. Cover the dough with this mixture.
6. Place the dough in the oven and bake at 450o F. for 15 minutes. When the surface has turned golden-brown, it is ready to serve.

◆Raw Veggie Rolls

Ingredients:White-fleshed Chinese yam 50 g. Lettuce 50 g. Plum juice 1 tsp.
Plum vinegar 1 tsp.
Preparation:
1. Peel the Chinese yam, slice it into fine slivers, and then soak it in good water for 10 minutes. Now, add the plum juice and plum vinegar: let this soak for an hour in order to lessen the astringency.
2. Wash the lettuce leaf-by-leaf. Set aside.
3. Place one lettuce leaf on the counter-top, and then put 2 Chinese yam strips in the middle. Cover this with another lettuce leaf: roll this up.
4. Continue making veggie rolls until all of the ingredients have been used. Serve.

◆Vegetable Soup

Ingredients:Purple cabbage 50 g. Western mushrooms 5 stalks Rosemary a pinch
Celery 30 g. Healthy Anti-Carcinogenic Soup Stock, or good water 500 cc.
Bamboo salt a pinch
Preparation:
1. Wash the red cabbage and celery, chop them and set them aside.
2. Wash the mushrooms and chop them into halves. Set aside.
3. Bring a pot of soup stock to a boil; add in the cabbage, celery and mushrooms. Once the mixture has returned to a boil, turn off the heat.
4. Before removing from the pot, add in the rosemary and salt while everything is still hot. Serve.

Day 8 Breakfast

◆Plum-Flavored Tomatoes

Ingredients:Tomatoes 50 g.
Preparation:
Wash the tomatoes: after they have dried, add in the plums. Mix, put into a bowl, and serve.

◆Sweet Potato and Ginger Soup

Ingredients:Sweet potatoes 120 g. Tender ginger 30 g. Good water 500 cc.
Cinnamon powder 1 tsp.
Preparation:
1. Chop the sweet potato into chunks and mince the ginger. Set aside.
2. Bring a pot of good water to a boil: drop in the sweet potato and ginger and cook until the mixture returns to a boil. Remove from the pot, sprinkle on the cinnamon and serve.

◆Vegetable and Brown Rice Sushi Rolls

Ingredients:Small cucumbers 60 g. Burdock root 50 g. Millet 1/2 cup
Plum juice 2 tbsp. Cooked brown rice 1 cup Nori sushi wrapper 1 sheet
Preparation:
1. Cut the cucumbers lengthwise into strips, roll the strips in a bit of bamboo salt, and then wash off the salt in good water.
2. Brush the burdock roots to remove dirt adhering to the surface. Slice into fine sections with a thin knife, and them put the burdock into the salty rinse water from step #1 and parboil for 1 minute. Ladle from the pot, and let it soak in the plum juice for 30 minutes to

lessen the astringency.

3. Take the nori sheet and spread it out on a bamboo sushi-rolling mat. With a rice ladle, scoop up some brown rice and lay it out evenly atop the nori.
4. Take 2 strips of cucumber and 2 pieces of burdock root. Lay these out over the nori and rice: space them so that they are located at 2/5, 4/5 and 5/5 intervals across the nori base.
5. Very slowly, roll up the bamboo mat, rolling up the nori sheet with its contents.

Burdock root contains a lot of fiber, and it is difficult to digest for those who suffer from intestinal disorders. If this is the case, the root can be chopped in a juice blender or boiled before eating. You can also boil it without removing the skin - by drinking the broth, your body can absorb its mineral contents.

Day 8 Lunch

◆Oat and Mung Bean Cake

Ingredients:Oat flour 1 cup Mung bean kernels 1/2 cup Pumpkin seeds 1 tbsp.
Sunflower seeds 1 tbsp. High-gluten flour 1/2 cup All-purpose flour 1 cup
Good water 200 cc.

Preparation:

1. Put the mung beans and some good water together in a juice blender and mix until smooth.
2. Mix together the whole-wheat flour, oat flour, pumpkin seeds and sunflower seeds. Slowly add in the mung bean and water mixture: mix into dough.
3. Knead the dough into a round cake with a diameter of about 5 cm.; place this in a pan, and then put it in a rice cooker. With 1 cup of good water, steam the dough until the on-off switch pops up. Serve.

◆Cold Shredded Burdock Root with Sauce

Ingredients:Burdock root 50 g. White sesame seeds 1 tbsp.

Preparation:

1. Shred the burdock root and let it steep in hot water.
2. Mix evenly with sesame seeds and serve.

◆Red and Green Salad

Ingredients:Large tomato 1 piece of fruit Bean sprouts 30 g. Peanut flour 1 tbsp.
Plum juice 1 tsp.

Preparation:

1. Wash the bean sprouts and let them dry off: place in a bowl.
2. After washing the tomato, cut it into quarters and place it in the bowl.
3. Finally, scatter on the peanut flour and plum juice. Serve.

◆Fresh from the Ocean

Ingredients:Kelp 30 g. Daikon turnip 30 g. Bamboo shoots 30 g.
Healthy Anti-Carcinogenic Soup Stock, or good water 500 cc.
Sliced ginger 3 slices Bamboo salt a pinch

Preparation:

1. Soak the kelp until it softens, cut it into strips, and set it aside.
2. Wash the daikon and bamboo shoots, and then chop them into thin slices. Set aside.
3. Bring a pot of soup stock to a boil, and then drop in all of the ingredients. Over low heat, cook at a rolling boil for about 10 minutes. Turn off the heat and serve.

Day 8 Dinner

◆Raw Veggies with Mashed Potato and Corn

Ingredients:Soy beans 30 g. Corn 50 g. Potatoes 120 g. Lettuce 30 g. Miso 1 tsp.
Black pepper powder 1/2 tsp.

Preparation:

1. Bring a pot of water to a rolling boil, and then drop in the potatoes and cook until they are well-done. Ladle them from the pot and allow them to cool off.
2. Put the soy beans and corn into the same pot of boiling water; boil for 1 minute. Ladle them out and let them cool.
3. Peel the potatoes and mash them with a large soup spoon: now, mix in the soy beans, corn, miso and black pepper. Stir until evenly mixed.
4. Wash the lettuce and shred it. Spread the lettuce out over a platter, and then put the mashed potato mixture on top. Serve.

◆Deep-Green Silver Thread Rolls

Ingredients:Raw Romaine lettuce 100 g. Bean sprouts 50 g. Rice vinegar 1 tsp.
Soy sauce 1 tsp. Sesame oil 1/2 tsp.

Preparation:

1. After washing the bean sprouts, cook them in rapidly boiling water until done; ladle from the pot and allow them to dry.
2. Mix the bean sprouts evenly with the rice vinegar, soy sauce and sesame oil.
3. Pull apart the Romaine lettuce leaf-by-leaf and wash it. Set it aside.
4. Place one lettuce leaf on a plate, and put a suitable quantity of bean sprouts in the center. Roll up the leaf. Serve.

◆Health Protection Soup

Ingredients:Rehmannia (dried rhizome of a Chinese medicinal herb) 30 g.
Baby corn 50 g. Kelp sprouts 30 g. Black vinegar 1 tsp.
Healthy Anti-Carcinogenic Soup Stock, or good water 1,000 cc. Bamboo salt a pinch

Preparation:

1. Cut the baby corn in half, and set aside.
2. Bring a pot of soup base to a boil, drop in all of the ingredients, and bring again to a boil. Let the ingredients cook over low heat for 20 minutes. Serve.

Day 9 Breakfast

◆Vegetable Salad

Ingredients:Asparagus 30 g. Pumpkin 30 g. Apple vinegar 1 tsp. Plum juice 1 tsp.

Preparation:

1. After washing the asparagus, chop it into approximately 7-cm.-long sections. Set it aside.
2. Wash the pumpkin and chop into bite-sized chunks: set aside.
3. Bring a pot of water to a rolling boil, toss in the ingredients, and boil for 1 minute; ladle from the pot and allow to dry. Now, stir in the apple vinegar and plum juice evenly. Serve.

◆Sweet Potato Shortcake

Ingredients:
Sweet potatoes 120 g.
Sweet potato flour 100 g.
Bamboo salt a pinch

Preparation:

1. After steaming the sweet potatoes until they are done, remove the peel. While they are still warm, mash them: set them aside.
2. Add the sweet potato flour and bamboo salt to the mashed sweet potatoes, mix evenly and form into dough.
3. Knead the dough into a long, narrow loaf; divide into several sections. With a rolling pin, flatten to a suitable thickness.
4. Preheat a frying pan at a medium heat setting. Drop on the thick slices of dough and fry until both sides have turned golden-brown. Serve.

◆Brown Rice Congee with Fruit and Almonds

Ingredients:
Almonds 30 g.
Job's tears 1/2 cup
Kiwi fruit 1 piece of fruit

BPreparation:

1. Cut the kiwi fruit into small cubes, and set it aside.
2. Put the almonds into an airtight bag, and use a knife handle or meat-pestle to smash them into small bits.
3. Bring a pot of soup stock to a boil, and then pour in the brown rice and Job's tears. Cook over low heat until the mixture has become porridge.
4. Turn off the heat: drop in the almond and kiwi, blend in evenly, and serve.

If you are in the mood for a new taste effect, just stir a different kind of fruit into the congee.

Day 9 Lunch

◆Black Rice Zongzi

Ingredients:
Purple rice 2 cups
Taro 1 root
Cashews 1 tbsp.
Cilantro 1 stalk
Healthy and Zesty Seasoning Powder 2 tsp.
Zongzi wrappers (made of reeds or bamboo leaves) 2 sheets
Cotton thread 1 string

Preparation:

1. Wash the purple rice, and then soak it in water for 1 hour. Set it aside.
2. Steam the taro until it is done, peel it and mash it. Now, mix in the cashews.
3. Knead the taro paste into a long strip, slice it and set it aside.
4. Take 2 sheets of zongzi wrapper: fold into a triangular cone shape. Fill with 2 tbsp. of purple rice, then drop on some taro paste, and finally cover it with 1 spoonful of purple rice.
5. Wrap the upper edge of the zongzi leaf underneath to cover the filling; wrap the cotton thread around the zongzi three times, and then fasten it with a slip-knot. Now, steam in a rice cooker.
6. Wash the cilantro and chop it into small pieces. Mix this with some Healthy and Zesty Seasoning Powder for use as a dip.

Use the above proportions to make more zongzi, if you wish. Uneaten zongzi can be stored in a refrigerator, or placed iummediately in a freezer. When you want to eat them, simply take them out and heat them. Serve.

◆Salad

Ingredients:
Baby corn 30 g.
Corn kernels 1 tbsp.

Small cucumbers 1 cuke
Preparation:
1. Slice the cucumber lengthwise; cut the baby corn ears in half.
2. Bring a pot of water to a rolling boil: drop in the corn kernels and baby corn, and boil for 2 minutes. Ladle out and let them dry.

You can also substitute okra for the baby corn.

◆Dumpling Soup
Ingredients:Bean curd 1 cake Laver 10 g. Basil 10 g. Vegetarian soup stock 1,000 cc.
Miso 1 tsp. Sweet potato flour 1 tsp.
Preparation:
1. Put the tofu in a flour bag (or a piece of cheesecloth) and squeeze out all of its moisture: stop when no more water comes out.
2. Take the tofu and mix it in with the miso and sweet potato flour. Now, knead this bean paste into small balls: in batches, drop them into a pot of boiling water.
3. Finally, add in the laver. When the water returns to a boil, turn off the heat. Add in the basil while the mixture is still hot. Serve.

Day 9 Dinner
◆Steamed Buns with Red Beans
Ingredients:Whole-wheat flour 100 g. All-purpose flour 200 g. Yeast powder 3 g.
Baking powder 2 g. Good water 150 cc. Red beans 10 g. Warm water 1 cup
Preparation:
1. Soak the red beans in good water for 2 hours, and then heat them until they are soft. Place them in a juice blender and blend until smooth.
2. Into a large mixing bowl, pour the whole-wheat flour, all-purpose flour, yeast and red bean water (from step #1): knead this evenly to form dough.
3. Cover the bowl with a wet piece of cloth and let the dough set for about an hour, until it rises.
4. Knead the dough again, and then roll it into a thin loaf. Cut this into thin slices and place these in a rice cooker: steam for approximately 15 minutes. Serve.

Use the same proportions to make a larger batch of buns: the unused dough can be refridgerated or stored in the freezer. Just take this out, steam it, and serve. Generally speaking, frozen dough will keep for 30 days, while refridgerated dough is good for 3 days.

◆Three-Pepper Salad
Ingredients:Green peppers 30 g. Sweet red peppers 30 g. Sweet yellow peppers 30 g.
Walnuts 10 g. Plum juice 1 tsp. Plum vinegar 1 tsp.
Preparation:
1. Wash the green, red and yellow peppers, and then dice them into thin slivers; place on a platter.
2. Finally, add a garnish of walnuts; sprinkle on the plum juice and plum vinegar. Serve.

◆Winter Mushroom and Veiled Lady Mushroom Soup
Ingredients:Winter mushrooms 6 stalks
Veiled lady mushrooms [Dictyophora indusiata (Vent. Ex Pers) Fisch] 10 g.
Healthy Anti-Carcinogenic Soup Stock, or good water 1,000 cc.
Preparation:
1. First, soak the two kinds of mushroom in good water: when they are thoroughly soaked, chop the veiled lady mushrooms into small pieces. Set aside.
2. Bring a pot of soup base to a boil. Drop in the mushrooms, cook over low heat for 20 minutes, and then turn off the heat.

Day 10 Breakfast
◆Western Pears
Ingredients:Western pear 1 piece of fruit
Preparation:
Wash the pear and serve.

◆Veggie Salad
Ingredients:Broccoli 50 g. Daikon turnip 30 g.
Preparation:
1. Wash the broccoli and chop it into small pieces. Bring a pot of water to a rolling boil, drop in the broccoli and parboil. Ladle this out and allow it to dry; place on a plate.
2. Pare the daikon and shred it: put it on the plate and sprinkle on the plum sauce. Serve.

◆Brown Rice with Sweet Potato
Ingredients:Sweet potatoes 60 g. Brown rice 2 cups
Preparation:
1. Wash the sweet potatoes, chop thinly, and set them aside.
2. Put the brown rice into the inner pot of a rice cooker and rinse it in good water. Add 3 cups of good water, and drop in the sweet potato.
3. Place the inner pot in the rice cooker and cook the ingredients for about 20 minutes. Serve.

Day 10 Lunch
◆Rice with Braised Tomatoes
Ingredients:Brown rice 2 cups Large tomatoes 60 g. Daikon turnip 40 g.
Baby corn 3 ears Manioc flour 1 tsp.
Preparation:
1. Pour 3 cups of good water in with the brown rice, place in a rice cooker and steam.
2. Wash the daikon and tomatoes, and then chop them into small cubes.
3. Wash the baby corn, cut into roughly 1-cm.-long sections, and set aside.
4. Preheat a frying pan: add in the tomato, daikon, baby corn, plus 1/2 cup of good water. Cover the pot and let the ingredients stew.
5. Add 2 spoonfuls of good water to the manioc flour, blend well, and then whisk it into the pan. Remove the pan from the stovetop.
6. Put the cooked rice in a bowl, and sprinkle on the braised vegetables. Serve.

◆Inlaid Mushrooms
Ingredients:Garden pea kernels 200 g. Mung beans 100 g. Black pepper powder 1/2 tsp.
Water horseshoe (a Guangzhou specialty vegetable) 5 pods Kelp 10 g.
Chinese black mushrooms 10 stalks Manioc flour 20 g.Bamboo salt a pinch
Preparation:
1. Soak the black mushrooms and set them aside.
2. Cook the peas and mung beans until they are done; use a knife handle to flatten them to a paste.
3. Smash the water horseshoe into small bits. Add in the bean paste, manioc flour, bamboo salt and black pepper: blend everything evenly to form a filling.
4. Shred the kelp, and stir this into the filling mixture.
5. Put a bit of manioc flour into the center of each mushroom, and then insert a suitable portion of filling, until it is slightly convex. Place on a pan.
6. Put this pan in a rice cooker and cook for approximately 12 minutes. Serve.

◆Cauliflower Soup with Wood Ear Mushrooms
Ingredients:Cauliflower 50 g. Wood-ear mushrooms 30 g. Carrots 30 g.
Healthy Anti-Carcinogenic Soup Stock, or good water 500 cc.
Preparation:
1. Wash the cauliflower and then chop it into small chunks. Set it aside.
2. Slice the wood-ear mushrooms and carrots into small pieces. Set this aside.
3. Bring a pot of soup stock to a boil, and drop in the carrots, cauliflower and mushrooms in order. When the soup boils again, turn off the heat.

Day 10 Dinner
◆Salad
Ingredients:Pumpkin 30 g. Soft bean curd 1 cake Sweet red pepper 30 g.
Preparation:
1. Remove the tofu from the package and put it on a plate.
2. Chop the pumpkin and red pepper into small cubes: mix together and scatter over the tofu. Finally, sprinkle on some plum juice and serve.

◆Japanese-Style Brown Rice with Chinese Yam
Ingredients:Brown rice 2 cups Chinese yam 100 g. Soy sauce 1 tsp.
Preparation:
1. In the inner pot of a rice cooker, pour in the brown rice and rinse it in good water. Now, add in 3 cups of good water.
2. Place the inner pot in the rice cooker and pour 1 cup of good water into the outer pot. Cook until the on-off button pops up.
3. Ladle out the rice and put it in a bowl. Grind the Chinese yam into a paste, and then mix it with some soy sauce. Use this as a topping for the rice.

◆Three-Color Silk Thread
Ingredients: Kelp tendrils 30 g. Celery 30 g. Mung bean sprouts 30 g. Garlic 2 heads
Ginger paste 1 tsp. Sesame oil 1/2 cup
Preparation:
1. Parboil the kelp tendrils in water that has come to a rolling boil. Ladle it out and allow it to dry, and then chop into sections. Set aside.
2. Wash the mung sprouts, let them dry, and set them aside.
3. Wash the celery, and then chop it: set it aside.
4. Mash the garlic in a grinder.
5. Mix all of the ingredients together. Serve.

◆Qi-Enhancing Wax Gourd Soup
Ingredients:Wolfberries 1 tbsp. Wax gourd 100 g.
Dang'gui [Angelica sinensis (Oliv.) Diehls] 10 g.
Healthy Anti-Carcinogenic Soup Stock, or good water 500 cc.
Preparation:
1. Chop the wax gourd into chunks: do not remove the outer skin. Set it aside.
2. Pour the soup stock into a pot and bring it to a boil. Add the dang-gui and wax gourd, and stew them over low heat until the gourd is fully done. Before turning off the heat, drop in the wolfberries. Serve.

Day 11 Breakfas

◆Vegetable Juice

Ingredients:Grapes 15 g. Red dragon Chinese yam 50 g. Carrots 30 g.Good water 300 cc.

Preparation:

1. Chop the Chinese yam and carrots into small bits.
2. Put all of the ingredients into a blender: mix until smooth. Serve.

1. You can also add in a suitable amount of lemon juice, honey, black or white sesame seeds, B-complex brewer's yeast, lecithin, pine nuts (or cashews), as well as synthetic plant enzymes, whole-grain flour, source calcium, plant seed fiber, and so on - with these additions, the mixture will be even more effective.

2. Those with cold, weak physical constitutions may add a slice of ginger, a pinch of cinnamon, some hot water, or Healthy and Zesty Seasoning Powder to their juice. This will not only correct their health problem, but will also give them an increased feeling of satiety.

◆Sweet Potato Pancakes

Ingredients:Whole-wheat flour 150 g. Sweet potatoes 100 g. Black sesame seeds 1 tbsp.

Preparation:

1. After steaming the sweet potato until it is done, peel it and mash it into a paste.
2. Mix all of the ingredients together in a large bowl; knead this to form dough.
3. Knead the dough and form it into a long loaf: slice this into a number of sections. Use a rolling pin to flatten each piece into a round sheet.
4. Preheat the oven to 400o F. Bake the pancakes for 15 minutes: serve.

◆Brown Rice and Nori Triangular Rice Balls

Ingredients:Nori 2 sheets Brown rice 2 cups

Preparation:

1. Put the brown rice in a rice cooker, add in 3 cups of water, and cook until it is done.
2. Cut square nori sheets into 4 sections: set these aside.
3. Remove the brown rice and allow it to cool. With a rice ladle, scoop out a suitable amount; with your hands, mold it into a triangular shape.
4. Wrap the rice in a sheet of nori, and it is ready to serve.
5. Make enough of the rice balls to satisfy the appetite of each family member.

Day 11 Lunch

◆Western Onion Bagels

Ingredients:Western onion 1/2 bulb Yeast powder 1/2 tsp. Warm water 1/4 cup
Whole wheat flour 2 cups, or 250 g. Young soy bean kernels 1 cup

Preparation:

1. Mix the yeast with some warm water (approximately 100o F.); wait until it begins to ferment and expand.
2. In a large bowl, mix the yeast water and flour together until they form dough - it should have a shiny, smooth surface.
3. Place a piece of wet cloth over the bowl, and let it set for an hour.
4. Mince the onions, and then mix them evenly into the dough. Separate the dough into quarters; once again, cover with a wet cloth and let the dough set for 5 minutes.
5. Now, knead the dough into long loaves that are about 25 cm. in length: join the two ends together to form a ring.
6. Bring a pot of water to a rolling boil: turn down the heat setting to low, and parboil the dough rings. Ladle them out and let them dry.
7. Place the bagels on a piece of paper; when they are dry, put them into the oven and bake at 400 o F. for 15 minutes. Serve.
8. Boil the young soy beans, and then ladle them out of the pot. Mash them with a soup spoon to form a paste. This paste can be spread onto the sliced bagels.

Utilize the proportions given in the recipe to make larger batches of bagels. You can store uneaten bagels in the refridgerator, or put those without soy bean spread in the freezer. When you want to serve them, take them out and spray them with a little water, and then toast them briefly in the oven. Generally speaking, bagels will keep at room temperature for about 3 days; in the freezer, they will last for 60 days.

◆Salad

Ingredients:Iceberg lettuce 80 g. Tomatoes 100 g. Corn kernels 30 g.

Preparation:

1. Pull apart the lettuce and wash each leaf. Chop into small pieces and put them on a platter.
2. Wash the tomatoes, chop them, and then put them on top of the lettuce.
3. Parboil the corn, then remove it from the pot, let it dry, and use it as a salad garnish. Serve.

◆Zesty Soup

Ingredients:Elephant-foot rolls 6 rolls Chinese black mushrooms 6 stalksBamboo shoots 50 g.
Healthy Anti-Carcinogenic Soup Stock, or good water 800 cc.

Preparation:

1. Soak the black mushrooms in hot water. On top of each mushroom, lightly carve a cross with a knife.
2. Peel the bamboo shoots and then chop them into pieces; set them aside.
3. Bring a pot of soup stock to a boil, and then drop in the black mushrooms and bamboo shoots. Cook for about 20 minutes over low heat.
4. Finally, drop in the elephant-foot rolls. When the water returns to a boil, turn off the heat and serve.

Day 11 Dinner

◆Thai-Style Cold Noodles

Ingredients:Green algae noodles 80 g. Sesame seeds 1 tbsp. Lemon 1/2 fruit
Cilantro 1 stalk Garlic 2 heads

Preparation:

1. Bring a pot of water to a rolling boil, and then drop in the noodles evenly. Boil them for about 6 minutes; turn off the heat and ladle them out of the pot. Put the noodles in a bowl.
2. Wash the cilantro, dice it, and set it aside.
3. Use a grinder to grind the garlic into a paste: set this aside.
4. Slice and squeeze the lemon. Mix the lemon juice with the cilantro and garlic paste: use this sauce to coat the noodles.
5. Before serving, blend everything together evenly. It's ready.

◆Cold Veggies with Sauce

Ingredients:Soya sprouts 50 g. Kelp sprouts 30 g. Soy beans 30 g.
Healthy and Zesty Seasoning Powder 1 tbsp.

Preparation:

1. Wash the soya sprouts, allow them to dry, and then put them on a plate.
2. In a pot of boiling water, cook the soya and kelp sprouts until they are soft and done; remove from the pot and let them dry. Put them on the plate.
3. Finally, scatter on some seasoning powder and serve.

◆Appetizing Soup

Ingredients:Small cabbage 2 heads Tender ginger 20 g. White pepper powder 1 tsp.
Healthy Anti-Carcinogenic Soup Stock, or good water 1,000 cc.

Preparation:

1. Wash the cabbage, chop it into small sections, and set it aside.
2. Shred the ginger: set it aside.
3. Bring a pot of soup stock to a boil, and then drop in the cabbage and ginger. When the water has returned to a boil, turn off the heat.
4. Before removing the mixture from the pot, stir in the white pepper. Serve.

Day 12 Breakfast

◆Fruit and Veggie Salad

Ingredients:Orange 1piece of fruit Sweet red pepper 1/2 pod Cabbage 50 g.

Preparation:

1. Peel the orange, cut it into sections, and set it aside.
2. Wash the red pepper and cabbage: slice them into fine slivers.
3. Put all of the ingredients together in a bowl and serve.

The vegetables can be purified in a vegetable detoxifier before use.

◆Brown Rice with Sweet Potato and Lotus Seeds

Ingredients:Sweet potato 1 spud Fresh lotus seeds 100 g. Brown rice 1 cup

Preparation:

1. Cut the sweet potato into small chunks; set it aside.
2. Put the brown rice into the inner pot of a rice cooker; mix in the sweet potato, lotus seeds, plus 2 cups of good water.
3. Place the inner pot inside the rice cooker. In the outer pot, pour 1 cup of good water: cook until the on-off button pops up. Serve.

If you are using dried lotus seeds, you must first soak them in good water for 1 hour.

Day 12 Lunch

◆High-Fiber Rice

Ingredients:Brown rice 2 cups Pine nuts 1/2 cup Pumpkin seeds 1/2 cup

Preparation:

1. Rinse off the brown rice in the inner pot of your rice cooker, and then add in 3 cups of good water.
2. Place the inner pot inside the rice cooker; cook for about 20 minutes until the on-off button pops up.
3. Open the rice cooker: while the rice is still warm, mix in the pine nuts and pumpkin seeds. Serve.

◆Salad

Ingredients:Golden tomatoes 10 pieces of fruit Purple cabbage 50 g. Asparagus 30 g.
Apple vinegar 1 tbsp. Plum juice 1 tbsp.

Preparation:

1. Wash the purple cabbage, shred it, and then let it soak for 10 minutes in apple vinegar and plum juice to tone down its pungent flavor.
2. Wash the asparagus and cut it in half lengthwise. Parboil in rapidly boiling water for 1 minute, ladle from the pot, and put it on a plate.
3. Finally, wash the tomatoes, allow them to dry, and put them on the plate. Serve.

◆Zesty Soup

Ingredients:Kelp braid 50 g. Braided bean curd skin 50 g. Scallions 20 g.
Healthy Anti-Carcinogenic Soup Stock, or good water 500 cc. Bamboo salt a pinch

Preparation:

1. Bring the soup stock to boil in a pot, and then drop in the kelp and bean curd braid along with the bamboo salt. When the soup stock boils again, turn off the heat.
2. Wash the scallions, dice them finely, and scatter them over the soup. Serve.

Day 12 Dinner

◆Vegetarian Stuffed Buns

Ingredients:Bamboo shoots 50 g. Cabbage 50 g. Chinese black mushrooms 15 stalks Garlic 3 heads Whole-wheat flour 300 g. Yeast powder 5 g.

Preparation:

1. In a grinder, mash the garlic into a paste.
2. Slice the bamboo shoots, cabbage and mushrooms finely; add in the garlic paste and mix evenly to make the filling.
3. Stir the yeast powder into some warm water and blend it well. Let this sit for 20-30 minutes: wait until there are signs of fermentation and expansion.
4. In a large mixing bowl, pour the whole-wheat flour and yeast mixture. Knead this by hand until it forms dough with a sleek, shiny surface. If the dough is too dry to form the proper consistency, you can add in a suitable amount of water.
5. Cover the bowl of dough with a wet cloth and let this sit for about an hour. Wait until the dough rises.
6. Knead the dough again, and then shape it into a long loaf with a diameter of approximately 3 cm. Chop this into small sections: roll out each one with a rolling pin to form the bun wrappers.
7. With a soup spoon, scoop out some filling and place it in the center of the wrapper. With your fingers, wrap up the filling and seal the dough edges.
8. Put the finished buns in a rice cooker, steam for about 12 minutes, and serve.

You can make a bigger batch of buns according to the above proportions. The uneaten buns can be stored in the refridgerator, or placed in sealed bags or containers and put in the freezer. Remove them from the fridge before you need them, and steam them. Serve. In general, they will keep for 30 days in the freezer.

◆Cold Seaweed Rolls with Dressing

Ingredients:Small cucumbers 80 g. Nori 1 sheet White sesame seeds 1 tsp. Iceberg lettuce 60 g.

Preparation:

1. Separate the lettuce leaf-by-leaf, wash it, and tear each leaf by hand into halves, starting from the bottom of the leaf. Place on a plate.
2. Chop the cucumber into thin slivers, and place on top of the lettuce.
3. Dice the seaweed finely: along with the sesame seeds, use it to garnish the lettuce.
4. Form into rolls.

◆Black Bean Soup

Ingredients:Black beans 30 g. Red jujubes 30 g.
Veiled lady mushrooms [Dictyophora indusiata (Vent. Ex Pers) Fisch] 10 g.
Healthy Anti-Carcinogenic Soup Stock, or good water 1,000 cc.

Preparation:

1. Soak the mushrooms and jujubes in water until they expand, and then chop the mushrooms into sections.
2. Pour the soup base into a pot; add in the black beans, mushrooms and jujubes. Boil over low heat for about 20 minutes, until the black beans have become soft and well-done. Serve.

Day 13 Breakfast

◆Oranges

Ingredients:Oranges 250 g.

Preparation:

Wash the oranges, cut them into sections, and serve.

Remember to eat them along with the white inner peel.

◆Sweet Potato and Red Jujube Soup

Ingredients:Sweet potatoes 60 g. Red jujubes 30 g. Good water 600 cc.

Preparation:

1. Soak the jujubes in water for an hour, and set them aside.
2. Chop the sweet potatoes into small cubes: set them aside.
3. Pour some good water into a pot and bring it to a boil. Add the jujubes, and boil them at a medium heat setting. Now, add in the sweet potato and continue boiling for another 20 minutes. Serve.

◆Rice and Nori Sandwich Roll

Ingredients:Large cucumbers 50 g. Chinese yam 50 g. Brown rice 2 cups
Millet 1/2 cup Apple juice 2 tbsp. Bamboo salt a pinch

Preparation:

1. Chop the cucumber and Chinese yam, and then soak them in a mixture of bamboo salt and apple juice for 20 minutes.
2. Put the brown rice and millet into the inner pot of a rice cooker; add in 3 cups of good water, place in the rice cooker, and cook until done.
3. Open the nori sheet. Use a rice ladle to scoop out a suitable amount of cooked rice: spread this evenly over the nori.
4. Cover 1/2 of the surface with the chopped cucumber and Chinese yam, and then use the other half of the sheet to cover the sandwich. Serve.

Day 13 Lunch

◆Potatoes with Gravy

Ingredients:Potatoes 60 g. Western mushrooms 10 stalks Green pepper 50 g. Sweet potato flour 1 tsp.

Preparation:

1. In water that has reached a rolling boil, cook the potatoes until they are tender and done. Slice them and put them on a plate.
2. Chop the mushrooms and pepper into small sections, and set them aside.
3. Preheat a nonstick frying pan over low heat; drop in the mushrooms, pepper and a small amount of good water. Stir-fry evenly.
4. Dissolve the sweet potato flour in good water, pour this into the frying pan and whisk. Remove the mixture from the pan, and use it as a gravy to coat the potatoes

◆Salad

Ingredients:Spinach 50 g. Apples 60 g. Walnuts 30 g. Nori 1 sheet Sesame seeds 1 tsp. Miso 1 tsp. Apple vinegar 2 tsp.

Preparation:

1. Chop the spinach and parboil in rapidly boiling water for 1 minute. Ladle out and place on a platter.
2. Cut the apple into sections: along with the crushed walnuts and sesame seeds, put on top of the spinach.
3. Finally, tear the nori sheet into small pieces and scatter over the spinach. Add the miso and apple vinegar as a sauce. Serve.

◆Mexican Refried Beans Soup

Ingredients:Pinto beans 100 g. Western celery 50 g. Carrots 50 g. Tomatoes 50 g.
Healthy Anti-Carcinogenic Soup Stock, or good water 500 cc.
Bamboo salt a pinch Black pepper powder a pinch

Preparation:

1. Presoak the pinto beans in good water for an hour, and then pour out the water and set aside.
2. Chop the celery, carrots and tomatoes into small cubes.
3. Bring a pot of water to a rolling boil. Toss in the beans and cook over low heat for 30 minutes. Now, ladle them out and mash them into a paste.
4. Bring a pot of soup base to a boil. Drop in the celery, carrots and tomatoes: bring the pot to a boil once again. Now, add in the mashed beans, bamboo salt and black pepper; continue cooking for another 10 minutes. Serve.

Day 13 Dinner

◆Veggie Rice

Ingredients:Pak-choi 80 g. Scallion 1 stalk Brown rice 1 cup Millet 1 cup
Vegetarain soup stock 3 cups

Preparation:

1. Mince the scallion and pak-choi: set them aside.
2. Preheat a nonstick frying pan. Add in the scallion and pak-choi, and lightly stir-fry. Ladle this from the pan.
3. Soak the brown rice and millet in water for 1/2 hour, and then drain the water. Add the soup stock, scallion and pak-choi: mix evenly.

Put the mixture in a rice cooker; in the outer pot, add 1 cup of water. Cook until the on-off switch pops up. Serve.

◆Double Gourd Inlaid Bean Curd

Ingredients:Large cucumber 30 g. Bitter gourd 30 g. Young soy beans 1 tbsp.Bamboo salt a pinch
Bean curd 1 cake Carrots 30 g. Sweet potato flour 1 tbsp. Black pepper powder a pinch

Preparation:

1. Chop the carrots into small cubes.
2. Mash the tofu thoroughly in a large bowl; add in the green soy beans, carrots, sweet potato flour, black pepper and bamboo salt. Mix evenly to make a filling.
3. Cut the cucumber and bitter gourd into about 2-cm.-long pieces: scoop out the middle of each piece, and add enough filling to create a slightly convex surface. Place them on a plate.
4. Put the plate into a rice cooker and steam until done. Serve.

◆Flavorful Laver Soup

Ingredients:King oyster mushrooms [Pleurotus eryngii (DC. Ex Fr.)] 50 g. Laver 20 g.
Healthy Anti-Carcinogenic Soup Stock, or good water 350 cc. Miso 1 tsp.

Preparation:

1. Slice the mushrooms lengthwise into thin pieces.
2. Bring a pot of soup base to a boil, and then drop in the mushrooms, laver and miso. When the mixture has returned to a boil, turn off the heat. Serve.

Day 14 Breakfast

◆Fruit and Veggie Salad

Ingredients:Papaya 250 g. Green pepper 30 g. Daikon turnip 30 g. Passionfruit juice 1 tbsp.
Preparation:
1. Cut the pepper across to form rings, remove the seeds, and wash. Once they have dried, place them on a plate.
2. Remove the seeds and skin of the papaya, cut it into chunks, and put it on the plate.
3. Finally, chop the daikon into slivers: scatter these over the plateful of salad. Drizzle on some passionfruit juice and serve.

If you would rather blend the above ingredients into juice, you can also add in a suitable amount of lemon juice, honey, black or white sesame seeds, B-complex brewer's yeast, lecithin, pine nuts (or cashews), as well as synthetic plant enzymes, whole-grain flour, source calcium, plant seed fiber, and so on. With these additions, you will experience even better effects.

◆Crispy Green Honey Cake
Ingredients:Ashitaba 200 g. Honey 200 g. Sweet potato flour 2 tbsp.
Preparation:
1. Along with 1 cup of good water, put the ashitaba leaves in a juice blender and blend until smooth.
2. Put the ashitaba juice, honey and sweet potato flour in a large bowl and mix evenly; with a rolling pin, flatten this out into a thick sheet.
3. Put the flattened sheet on a plate, place it in a steamer pot, and cook at high heat for about 20 minutes.
4. Let the mixture cool off a bit, and then take it out of the pot, slice it, and serve.

◆Sweet Potato and Brown Rice Congee
Ingredients:Sweet potatoes 60 g. Brown rice 2 cups Good water 1,500 cc.
Preparation:
1. Dice the sweet potato finely, and set it aside.
2. Put the brown rice and good water in a pot: simmer over low heat for 30 minutes, and then add in the sweet potato. Continue to cook the mixture for 20 minutes. Serve.

Day 14 Lunch

◆Cakes with Cashew and Semi-Refined Rice
Ingredients:Potato 1 spud Cashews 50 g. Coarse semi-refined rice flour 250 g.
Preparation:
1. Drop the potato into rapidly boiling water and cook until thoroughly done. Ladle ot out and peel it; mash it into a paste.
2. Crush the cashews into small grains, and then mix evenly with the rice flour.
3. Keep stirring as you slowly pour in the water and mashed potato. Form this mixture into dough, and then use a rolling pin to flatten it out into a pancake.
4. Preheat a nonstick frying pan to low heat, put in the pancake, and cook until it has turned golden-brown on both sides.

◆Nori and Hundred-Leaf Tofu Rolls
Ingredients:Nori 1 sheet Hundred-leaf bean curd 1 cake
Malabar spinach [Basella rubra] 50 g. Miso 1 tsp. Rice vinegar 2 tsp. White sesame seeds 1 tsp.
Preparation:
1. Clip the nori into 3-cm.-wide by 10-cm.-long strips.
2. Chop the tofu into 1-cm.-thick by 5-cm.-wide thin slices.
3. Wash the Malabar spinach, and then parboil it in rapidly boiling water. Chop it into about 7-cm.-long pieces.
4. Spread the nori out flat on a counter-top, and drop on 1 slice of tofu. Then, add some Malabar spinach, and finally roll the nori and tofu up.
5. Make a sauce using miso, rice vinegar and white sesame seeds. Pour this onto the rolls before serving.

◆High-Fiber Salad
Ingredients:Soya sprouts 50 g. Salad bamboo shoots 50 g. Carrots 50 g. Cashews 10 nuts
Sesame seeds 1 tsp. Miso 1 tbsp.
Preparation:
1. Wash the bean sprouts, and then allow them to dry. Place them on a plate.
2. Chop the bamboo shoots and carrots finely, and them put them on the plate.
3. Crush the cashews, and then mix them with the sesame seeds and miso to make a dressing. Add this to the salad and serve.

For salad bamboo shoots, you can use store-bought cooked bamboo shoots that have been vacuum-packed, or else you can use local, seasonal produce - any type of fresh bamboo shoot will do as a substitute.

◆Wax Gourd and Shredded Ginger Soup
Ingredients:Chinese wax gourd 150 g. Ginger 100 g.
Healthy Anti-Carcinogenic Soup Stock, or good water 350 cc. Sesame oil just a dab
Preparation:
1. Chop the wax gourd into pieces, shred the ginger, and set them aside.
2. Bring a pot of soup stock to a boil, and then drop in the wax gourd and ginger. Cook for about 10 minutes over low heat, until the wax gourd is stewed to rags. Turn off the heat; before removing from the pot, add a few drops of sesame oil.

Day 14 Dinner

◆Nutritious Noodles
Ingredients:Red chrysanthemum noodles (made with a patent health-food flour) 80 g.
Spinach 50 g. Baby corn 6 ears Kelp braids 30 g. Sweet peas 30 g. Bamboo salt a pinch
Healthy Anti-Carcinogenic Soup Stock, or good water 500 cc. Sesame oil a few drops
Preparation:
1. Bring a pot of water to a boil: drop in the noodles and cook in rapidly boiling water. Now, turn the heat down to low and continue cooking for about 6 more minutes. Ladle the noodles from the pot, and place them in a bowl.
2. Cut the baby corn in half, chop up the spinach, and set them aside.
3. Take another clean pot, and use it to boil the soup stock. Drop in the kelp braids and baby corn: when the water boils again, add the spinach, sweet peas and bamboo salt.
4. Let the water return to a boil, and then turn off the heat and pour the soup into the bowl. Add a few drops of sesame oil and serve.

◆Strange Green Tracks Salad
Ingredients:Small cucumbers 100 g. Iceberg lettuce 50 g. Alfalfa sprouts a small quantity
Quinary powder ("Five Treasures" powder: a patent Chinese medicinal preparation) 1 tbsp.
Tomato 1 fruit
Preparation:
1. Chop up the cucumbers and cut the tomato into sections: put them on a plate.
2. Pull the lettuce apart and wash it leaf-by-leaf; chop it into small slices, and put it on the plate.
3. Finally, scatter the alfalfa sprouts on top of the salad, sprinkle on some Quinary powder, and serve.

Leafy and sprouted vegetables should be eaten in the summertime, by those with hot, dry constitutions, or else by those who are in normal, healthy physical condition.

Day 15 Breakfast

◆Fruit and Veggie Juice
Ingredients:Celery 60 g. Grapefruit juice 150 g. Plum juice 1 tbsp. Good water 200 cc.
Preparation:
1. Wash and dice the celery: set it aside.
2. Put all of the ingredients into a juice blender, and mix them until smooth. Serve.

1. You can also add in a suitable amount of lemon juice, honey, black or white sesame seeds, B-complex brewer's yeast, lecithin, pine nuts (or cashews), as well as synthetic plant enzymes, whole-grain flour, source calcium, plant seed fiber, and so on. This will lend even better results.
2. If you have been drinking vegetable juice for a long time and begin to feel weak and in poor physical condition, experiencing numerous bowel movements with soft and loose stools, this means that the detoxifying diet has gone on too long. Take a temporary respite from high-fiber foods, squeeze your vegetables into juice, and supplement this with vegetable proteins and oils.

◆Sweet Potato Balls
Ingredients:Sweet potatoes 120 g. Sweet potato flour 100 g.
Preparation:
1. Put the sweet potato in a rice cooker and steam until they are thoroughly done.
2. Remove from the rice cooker, peel and mash into paste. Now, add in the sweet potato starch.
3. Knead the mixture into a loaf that is approximately 2 cm. in diameter. Cut this into slices that are 2 cm. apart.
4. Bring a pot of water to a rolling boil, and drop in the sweet potato rounds. Boil them until they float to the surface, and then ladle them from the pot.

◆Rice Mixed with Baby Cucumbers
Ingredients:Small cucumbers 3 cukes Brown rice 2 cups Bamboo salt a pinch
Olive oil a few drops
Preparation:
1. Put the brown rice in the inner pot of a rice cooker, rinse it off, and then add 3 cups of good water.
2. Place the inner pot in the rice cooker, and add 1 cup of good water to the outer pot. Cook until the on-off button pops up.
3. Wash the cukes, chop them into thin slices, and add them to the rice along with the bamboo salt and olive oil. Mix well and serve.

Day 15 Lunch

◆Soup-Covered Noodles
Ingredients:Ashitaba noodles 80 g. Wood-ear mushrooms 10 g. Garden pea pods 50 g.
Carrots 30 g. Vegetarian soup stock 1,000 cc.
Preparation:
1. Bring a pot of water to a rolling boil, drop in the ashitaba noodles and boil them. Turn the heat down to low, and continue cooking for about 6 minutes.
2. Remove the noodles from the pot with a noodle ladle, and then rinse them off in cold water to cool them off. Let them dry, and then put them in a bowl.
3. Chop the mushrooms and carrots into slivers, and set them aside.
4. Take another clean pot: use it to boil the soup stock. Add in the carrots, and wait until the soup boils again. Now, drop in the mushrooms and pea pods: cook for 1 minute, and then

turn off the heat.

5. Pour the soup directly onto the noodles and serve.

◆Salad

Ingredients:Western celery 50 g. Corn 1 ear Sweet red pepper 50 g.

Preparation:

1. Chop the corn into sections and parboil; ladle from the pot and allow to dry, and then put on a plate.
2. Slice the celery slant-wise into sections and chop the red pepper into chunks; put them on the plate, and serve.

◆Thick Pumpkin Soup

Ingredients:Pumpkin 150 g. Laver 50 g. Bamboo salt a pinch

Healthy Anti-Carcinogenic Soup Stock, or good water 500 cc.

Preparation:

1. Chop the pumpkin into chunks, and put it in a juice blender along with 500 cc. of soup base. Blend until smooth.
2. Put the pumpkin juice, along with the remaining soup stock, in a pot: bring to a leaping boil.
3. Toss the laver and bamboo salt into the pot; boil until the laver expands and opens up. Serve.

Day 15 Dinner

◆Chinese Yam Cupcakes

Ingredients:Chinese yam 200 g. Brown rice flour 200 g. Sticky rice powder 200 g.

Mashed ginger 20 g. Healthy Anti-Carcinogenic Soup Stock, or good water 1,000 cc.

Bamboo salt a pinch

Preparation:

1. Chop the Chinese yam into about 1-cm.-long cubes: set this aside.
2. Mix the brown rice and sticky rice flours into the soup stock: blend evenly to form a thick rice solution. Pour this into a pot and cook over low heat until the mixture becomes dense and sticky.
3. Drop in the Chinese yam, mashed ginger and bamboo salt: mix together evenly.
4. Pour into a bowl to 4/5 full, and then put in a rice cooker and steam for approximately 30 minutes. Serve.

◆Braised Bean Curd

Ingredients:Silken tofu 1 cake String beans 30 g. Carrots 30 g.

Dried Chinese mushrooms 5 stalks Healthy Anti-Carcinogenic Soup Stock, or good water 100 cc.

Preparation:

1. Soak the Chinese mushrooms until they open, and then chop them into cubes. Set them aside.
2. Chop the soft tofu into small pieces; chop the string beans and carrots into cubes. Set them aside.
3. Preheat a frying pan at a low heat setting. Pour in all of the ingredients, lightly stir-fry, and then remove from the pan and serve.

◆Four Celestial Beasts Soup with Job's Tears

Ingredients:Job's tears 1 cup Chinese yam 25 g. Lotus seeds 50 g. Gorgon fruit 25 g.

China root (a fungus found on fir-tree roots) 25 g. Good water 1,500 cc.

Preparation:

1. Put all of the ingredients in a pot and boil at high heat in rapidly boiling water.
2. Turn down the heat to low, and let the mixture simmer for about an hour. Turn off the heat.

Day 16 Breakfast

◆Fruit and Veggie Salad

Ingredients:Pineapple 60 g. String beans 30 g. Cherry tomatoes 6 pieces of fruit

reparation:

1. Wash the tomatoes, slice them in half, and put on a plate.
2. Peel the pineapple and chop into small chunks.
3. Bring a pot of good water to a boil: add in a pinch of bamboo salt. Parboil the string beans in rapidly boiling water, and then ladle them out; let them dry and chop them. Serve.

◆Mashed Sweet Potato with Wolfberries

Ingredients:Sweet potatoes 2 spuds Wolfberries 2 tbsp.

Preparation:

1. Wash the sweet potatoes, and then peel them. Put them in a pan along with the wolfberries: steam them until they are soft and well-done.
2. Take out the pan, and mash the sweet potatoes into a paste. Blend in the wolfberries evenly.
3. With a soup spoon, ladle out a suitable amount of sweet potato and place it in the palm of your hand. Form the mashed potato into a round cake and serve.

◆Brown Rice

Ingredients:Brown rice 2 cups Healthy Anti-Carcinogenic Soup Stock, or good water 4 cups

Preparation:

Wash the brown rice, and then add it to the soup stock. Steam this mixture for about 30 minutes until it is done. Serve.

Day 16 Lunch

◆Whole-Wheat Pot-Stickers

Ingredients:Dried Chinese black mushrooms 50 g. Cabbage 1/2 head Wolfberries 20 g.

Pine nuts 20 g. Scallions 50 g. Tender ginger 30 g. Whole-wheat flour 300 g. Olive oil 1 tsp.

Preparation:

1. Soak the mushrooms until they open up, chop into small cubes, and set aside.
2. Shred the cabbage, scallions and ginger. Wrap them in gauze and wring out the juice. Add in the wolfberries and pine nuts, mixing evenly to make the dumpling filling.
3. Mix a suitable amount of boiling water in with the flour. Once this is evenly blended in, add in a sufficient quantity of cold water: knead this into dough.
4. Use plastic wrap to cover the dough: wait for about 15 minutes, and then knead the mixture into a loaf that is approximately 3 cm. in diameter.
5. Cut the loaf of dough into slices spaced 2 cm. apart. Use a rolling pin to flatten out each slice into a round dumpling wrapper.
6. Drop 1 spoonful of filling onto the center of each wrapper, and then seal the dumplings by squeezing together the ends of the dough.
7. Pour some oil into the bottom of a nonstick frying pan, heat up the pan, and then set the dumplings in rows along the bottom of the pan. Adding 5 tsp. of water, cover the pot and cook for about 10 minutes over low heat, until the dumplings turn golden-brown on the surface. Serve.

This recipe can be extended by using the proportions given above. Just put the extra dumplings in a sealed plastic bag or container and store them in the freezer. Take them out as needed, fry and serve.

◆Bitter Gourd Salad with Plum Sauce

Ingredients:Bitter gourd 50 g. Purple cabbage 50 g. Plum sauce 2 spoonfuls

Preparation:

1. Wash the bitter gourd and red cabbage, shred them, and put them on a plate.
2. Before serving, drizzle on some plum sauce. Your salad is ready.

If the bitter gourd is too bitter for your taste, simply remove the inner white section of the gourd, or else lightly parboil before serving.

◆Red Lotus Soup

Ingredients:Red jujubes 50 g. Wood-ear mushrooms 30 g. Lotus seeds 50 g.

Healthy Anti-Carcinogenic Soup Stock, or good water 1,500 cc.

Preparation:

1. Slice the mushrooms into sections and set them aside.
2. Bring a pot of soup stock to a boil, and then drop in all of the ingredients. When the soup boils again, turn down the heat to low and simmer for about 40 minutes.

Day 16 Dinner

◆Turnip Cake

Ingredients:White turnips 300 g. Brown rice flour 300 g. Sticky rice flour 300 g.

Chinese toon (Chinese cedar), [Toona sinensis (A. Juss.) Roem; Cerella sinensis] 20 g.

Healthy Anti-Carcinogenic Soup Stock, or good water 300 cc.

Preparation:

1. Shred the turnip, dice the Chinese toon into tiny bits: set them aside.
2. Preheat a nonstick frying pan. Saute the shredded turnip, and then cover the pan and let them simmer until they are soft and done.
3. Mix the whole-wheat flour and sticky rice flour into the soup stock: pour into a pot, and then add in the Chinese toon. Stir until a thick, sticky sauce is formed.
4. Pour the rice sauce into a large bowl. Put this in a steamer and steam at a high heat setting for about 40 minutes.
5. Put the steamed turnip cake onto a plate: refridgerate. Now, slice and serve.

◆Clear Yellow Salad

Ingredients:Young soy beans 30 g. Sweet yellow pepper 50 g. Asparagus 30 g.

Orange 1 piece of fruit Bamboo salt a pinch

Preparation:

1. Chop the asparagus into sections, and parboil along with the young soy beans in a pot of water with bamboo salt. When they are done, ladle out of the pot and let them dry: put them on a plate.
2. Wash the yellow pepper, and then chop it into fine slivers. Put on the plate.
3. Cut the orange in half, squeeze out the juice, and sprinkle it over the salad. Serve.

◆Kelp and Zucchini Soup

Ingredients:Kelp threads 30 g. Zucchini 50 g. Cilantro 20 g. Miso 1 tsp.

Healthy Anti-Carcinogenic Soup Stock, or good water 1,000 cc.

Preparation:

1. Wash the zucchini, slice it finely, and set it aside.
2. Bring a pot of soup stock to a boil, and then drop in the kelp threads, zucchini and miso. When the mixture returns to a boil, turn off the heat.
3. Wash the cilantro thoroughly, mince it, and scatter it over the soup as a garnish. Serve.

Day 17 Breakfast

◆Good Complexion Fruit and Veggie Juice

Ingredients:Tomatoes 100 g. Chinese yam 30 g. Carrots 30 g. Good water 250 cc.
Plum juice 1 tsp.

Preparation:

1. Chop the tomatoes, Chinese yam and carrots into chunks: set them aside.
2. Put all of the ingredients into a juice blender, mix until smooth, and serve.

1. You can also add in a suitable amount of lemon juice, honey, black or white sesame seeds, B-complex brewer's yeast, lecithin, pine nuts (or cashews), as well as synthetic plant enzymes, whole-grain flour, source calcium, plant seed fiber, and so on. With such additions, the health benefits will be even better.
2. If you are prone to flatulence, you can blend the fruits and vegetables in separate batches, drinking them 20 minutes apart. In any case, pineapple can be blended in with the vegetable juice: it will alleviate symptoms of flatulence and relieve constipation. You can also add some bamboo salt to the fruit and vegetable juice.

◆Sweet Potao Rolls

Ingredients:Whole wheat spring roll wrappers 1 sheet Sweet potatoes 100 g.
Sesame paste add according to taste

Preparation:

1. Wash the sweet potatoes, steam them until they are fully cooked, and then mash them into a paste.
2. Lay out the moistened spring roll wrapper on a counter-top, spread on some sesame sauce, and put the sweet potato paste onto the section of the wrapper nearest you.
3. Roll up the wrapper and serve.

◆Job's Tears and Brown Rice Balls

Ingredients:Brown rice 1 cup Job's tears 1 cup
Quinary powder ("Five Treasures": a Chinese medical tonic which can be drunk as a tea or added to foods) 2 tbsp.

Preparation:

1. Presoak the brown rice in good water for 4 hours, and soak the Job's tears in good water for 2 hours. Afterwards, put them into the inner pot of a rice cooker and add 3 cups of good water.
2. Place the inner pot inside the rice cooker; into the outer pot, pour 1 cup of good water. Steam until done.
3. Let the rice mixture cool, and then mix in the Five Treasures powder.
4. With a soup spoon, scoop out a sufficient quantity of rice, put it in the palm of your hand and knead it into a ball. It's done.
5. Keep on repeating step #4, making enough rice balls to suit your family.

Day 17 Lunch

◆Lumpy Wheat Dumplings

Ingredients:Napa cabbage 30 g. Kelp shoots 30 g. Pumpkin 30 g. Day lilies 30 g.
Whole wheat flour 200 g. Healthy Anti-Carcinogenic Soup Stock, or good water 1,000 cc.

Preparation:

1. Add a suitable amount of warm water to the whole wheat flour, mix and knead into dough.
2. Wash the napa cabbage, and then shred it. Chop the pumpkin into chunks. Set them aside.
3. Bring a pot of soup stock to a boil over high heat.
4. Pinch up a small ball of dough between two fingers, and then flatten it slightly; toss it into the soup. Repeat this step until all of the dough has been used up.
5. Wait until the soup boils again: drop in the napa cabbage, kelp sprouts, pumpkin and day lilies.
6. Turn off the heat after the pot has returned to a boil.

◆Perfect Match Salad

Ingredients:String beans 50 g. Carrots 50 g. Miso 1 tsp. Sesame seeds 1 tsp.

Preparation:

1. Slice the string beans slant-wise, chop the carrots, and cook them in rapidly boiling water for 14 minutes. Ladle them from the pot, allow them to dry, and then put them on a plate.
2. Mix some good water into the miso and sesame seeds to make a dressing. Sprinkle this over the salad and serve.

Day 17 Dinner

◆Lotus Seed and Red Bean Rice

Ingredients:Fresh lotus seeds 50 g. Red beans 1/2 cup Brown rice 2 cups

Preparation:

1. Presoak the red beans in good water for 2 hours, and soak the brown rice in good water for 4 hours.
2. Put all of the ingredients into the inner pot of a ricer cooker, add in 4 cups of good water, and cook until the on-off button pops up. Serve.

If you have purchased dried lotus seeds, presoak them in good water for 2 hours.

◆Dazzling Salad

Ingredients:Green peppers 50 g. Yellow tomatoes 50 g.

Preparation:

1. Chop the green peppers across, remove the seeds, and wash them. After that, continue cutting them cross-wise to make pepper rings. Put these on a plate.
2. Wash the yellow tomatoes, let them dry, and then put them on the plate. Serve.

◆Red Phoenix Vegetable Soup

Ingredients:Red phoenix greens (Gynura) 50 g. Kelp 30 g. Garlic 1 bulb
Healthy Anti-Carcinogenic Soup Stock, or good water 350 cc. Bamboo salt a pinch

Preparation:

1. Wash the red phoenix greens thoroughly, chop them, and set them aside.
2. Peel the garlic, chop it, and set it aside.
3. Bring a pot of soup stock to a boil: toss in the kelp.
4. When the pot boils again, add in the gynura greens, garlic and bamboo salt. Wait until the stock boils once again, and then turn off the heat.

Day 18 Breakfast

◆Fruit and Veggie Salad

Ingredients:Pears 80 g. Sweet red peppers 50 g. Broccoli 50 g.

Preparation:

1. Cut the pear into sections and slice the peppers into thin strips: put them on a plate.
2. Wash the broccoli thoroughly, chop it into small chunks, and parboil in rapidly boiling water. Ladle this from the pot and let it dry: put it on the plate.

If you decide to put the above ingredients into a blender and drink them as juice, you can also add in a suitable amount of lemon juice, honey, black or white sesame seeds, B-complex brewer's yeast, lecithin, pine nuts (or cashews), as well as synthetic plant enzymes, whole-grain flour, source calcium, plant seed fiber, and so on. This will enhance the nutritional effects.

◆Sweet Potato and Ginger Soup

Ingredients:Sweet potatoes 100 g. Tender ginger 30 g. Good water 600 cc.

Preparation:

1. Chop the sweet potatoes into gear-hob shapes, and shred the ginger.
2. Put the chopped ingredients into a pot of boiling water, simmer over low heat for 20 minutes, and serve.

◆High-Fiber Cone-Shaped Dumplings

Ingredients:Corn flour 100 g. Brown rice flour 100 g. Sesame powder 30 g. Walnuts 50 g.

Preparation:

1. Crush the walnuts finely and set them aside.
2. Put all of the ingredients into a large mixing bowl, add in a suitable amount of warm water (about 100o F.), and knead into dough.
3. Separate the dough into roughly egg-sized rolls, knead them into rounded cone-shaped loaves, and put them on a plate.
4. Put the plate into a steaming basket, steam for about 30 minutes, and serve.

1. Use the same recipe proportions to make a bigger batch of rolls: the uneaten ones can be refridgerated, or put into sealed wrappers or containers and placed in the freezer. Just take them out and steam them again before serving.
2. If you prefer sweeter rolls, you can add brown sugar to the dough.

Day 18 Lunch

◆Chinese Yam and Mixed-Grain Rice

Ingredients:Chinese yam 70 g. Job's tears 1 cup Brown rice 1 cup

Preparation:

1. Presoak the Job's tears in good water for 2 hours, and soak the brown rice in good water for 4 hours.
2. Chop the Chinese yam into short strips and set it aside.
3. Put all of the ingredients into the inner pot of a rice cooker along with 3 cups of good water. Put the pot into the rice cooker; into the outer pot, pour 1 cup of good water. Steam until the on-off switch pops up. Serve.

◆Salad

Ingredients:Soya sprouts 50 g. Corn kernels 30 g. Pumpkin seeds 20 g.
Lemon 50 g. Honey 1 tbsp.

Preparation:

1. Wash the soya sprouts and let them dry off: put them on a plate.
2. Parboil the corn kernels in rapidly boiling water; ladle them out, let them dry, and drop them onto the soya sprouts.
3. Squeeze the lemon, and sprinkle the juice along with the honey onto the salad. Serve.
4. Finally, scatter on the pumpkin seeds as a garnish.

◆Zesty Soup

Ingredients:Kelp sprouts 30 g. Garden peas 30 g. Beech mushrooms 30 g.
Healthy Anti-Carcinogenic Soup Stock, or good water 350 cc.

Preparation:

Bring a pot of soup stock to a boil, and then drop in all of the ingredients. When the soup boils again, turn off the heat.

Day 18 Dinner

◆Fragrant Bean Soup

Ingredients:Soy beans 1/4 cup Brown rice 1 cup

Preparation:
1. Presoak the soy beans for 4 hours.
2. Rinse off the brown rice a bit, and then, along with the the soy beans, put them in the inner pot of a rice cooker. Add 4 cups of good water.
3. Put the inner pot into the rice cooker, pour 1 cup of good water into the outer pot, and cook until done.

◆Crispy Celery Salad

Ingredients:Western celery 50 g. Baby bamboo shoots 50 g. Cashews 30 g.
Rice vinegar 1 tsp. Soy sauce 1 tsp. Sesame oil 1/2 tsp.
Preparation:
1. Bring a pot of water to a rolling boil, parboil the baby bamboo shoots, and then ladle them from the pot and let them dry.
2. Wash the celery, chop it, and then put it on a plate.
3. Put the bamboo shoots and cashews directly onto the plate.
4. Make a dressing by mixing the rice vinegar, soy sauce and sesame oil together. Sprinkle this on the salad and serve.

◆Tomato and Bean Curd Soup

Ingredients:Tomatoes 80 g. Silken tofu 1 cake Laver 50 g.
Preparation:
1. Chop the tomatoes and tofu into chunks: set them aside.
2. Bring a pot of soup stock to a boil, and then drop in the tomato, tofu and laver. When the water has boiled again, turn off the heat.

Day 19 Breakfast

◆Apples

Ingredients:Apple 1 piece of fruit
Preparation:
Wash the apple, chop it into sections, and serve.

◆Steamed Sweet Potatoes

Ingredients:Sweet potaoes 120 g.
Preparation:
Wash the sweet potatoes, put them in a rice cooker, and steam them until they are soft and done. Serve.
If you prefer chewier sweet potatoes, cook them a little more in an oven set to 280o for 5 minutes.

◆Brown Rice Rolls

Ingredients:Nori 1 sheet Cooked brown rice 1 bowl Asparagus 50 g.
Sweet yellow pepper 30 g. Plum vinegar 1 tsp.
Preparation:
1. Chop the asparagus into about 7-cm.-long sections: parboil them in rolling water for 1 minute.
2. Slice the yellow pepper into thin strips. Mix some plum vinegar in with the brown rice, and set it aside.
3. Clip a whole, square sheet of nori into 2 triangular halves. Place these on a counter-top with the tips of the triangles facing forward.
4. First, spread a suitable amount of brown rice onto the part of the nori that is closest to you: in the center, drop some asparagus and yellow pepper.
5. Finally, hold the nori by the right and left base corners. Roll it towards the center to form a shape similar to a sipping-straw biscuit (crepes roulees). Serve.

Day 19 Lunch

◆Noodle Soup

Ingredients:Carrot noodles 80 g. Cold-processed tofu 1 cake Green garlic 30 g.
Sweet peas 50 g. Healthy Anti-Carcinogenic Soup Stock, or good water 800 cc.
Black vinegar 1 tsp. Soy sauce 1 tsp. Sesame oil a few drops
Preparation:
1. Chop the cold-processed tofu into chunks, slice the green garlic slant-wise, and set them aside.
2. Bring a pot of water to a rolling boil and drop in the noodles evenly: cook over low heat for about 6 minutes.
3. In another pot, bring the soup stock to a boil, and then toss in the tofu and sweet peas; cook them until the soup comes to a rapid boil.
4. Ladle out the noodles and add them to the soup. Now, add in the garlic, black vinegar, soy sauce and sesame oil: mix together evenly, turn off the heat, and remove from the pot.

◆Korean Salad

Ingredients:Carrots 30 g. Small cucumbers 80 g. Kelp down 20 g. Shredded ginger 10 g.
Sesame oil 1/2 tsp. Black vinegar 2 tsp. Soy sauce 1 tsp. Sesame seeds 1 tsp.3.
Preparation:
1. Chop the carrots, slice the cucumbers into sections, and put them on a plate.
2. Parboil the kelp down and let it dry: put it on the plate.
3. Mix together the ginger, sesame oil, black vinegar, soy sauce and sesame seeds to make a dressing: sprinkle this onto the salad.

Day 19 Dinner

◆Taro Rice

Ingredients:Taro 60 g. Brown rice 2 cups
Preparation:
1. Chop the taro into small cubes; set these aside.
2. Put the brown rice and taro together in the inner pot of a rice cooker, add in 3 cups of good water, steam until done, and serve.

◆Salad

Ingredients:Coral greens [Glehnia ittoralis Fr. Schmidt et Miq.] 20 g. Iceberg lettuce 20 g.
Young soy beans 30 g. Almond slivers 10 g. Lemon juice 1 tsp. Passionfruit juice 1 tsp.
Preparation:
1. Tear apart the lettuce, wash it well, and put it in a bowl.
2. Soak the coral grass in water until it expands, and then ladle it out and let it steep in lemon and passionfruit juice for 30 minutes to alleviate its astringent taste. Put this on top of the lettuce.
3. In a pot of rapidly boiling water, cook the young soy beans; dry them, and then add them to the bowl.
4. Finally, scatter on the almond slivers as a garnish. Serve.

◆Nourishing Soup

Ingredients:Carrots 30 g. Dried Chinese black mushrooms 6 stalks Wolfberries 20 g.
Ginseng beard (the tiny filaments sprouting from the main root: they are less expensive than the prized parent root) 20 g. Red jujubes 15 dates
Healthy Anti-Carcinogenic Soup Stock, or good water 2,000 cc.
Preparation:
1. Chop the carrots, soak the mushrooms until they expand, and then set them both aside.
2. Put the soup stock into a pot, and then add in all of the other ingredients. Simmer over low heat for about 60 minutes, and then turn off the heat.

Day 20 Breakfast

◆Black Bean Drink

Ingredients:Black beans 2 cups Good water 6 cups
Preparation:
1. Pour the black beans into some water: soak them for about 6 hours.
2. Along with the water, pour the beans into a juice blender; blend them until smooth.
3. Place a piece of gauze over a pot, and then pour the bean juice through it - this will strain out the dregs.
4. Move the pot to your stove-top; boil the mixture at a low heat setting for 10 minutes. Serve.

◆Fruit and Veggie Salad

Ingredients:Apples 60 g. Baby corn 50 g.
Black poplar mushrooms [Agrocybe agerita (Brig.) Sing] 30 g. Ginger 10 g.
Preparation:
1. Wash the baby corn and then parboil for 1 minute. Ladle it from the pot, cut it length-wise into halves, and then put it on a plate.
2. Parboil the mushrooms, ladle them out, and let them dry. Add them to the plate.
3. In a grinder, mash the apple and ginger into a paste. When this is smooth, use it as a dressing for the other ingredients.

◆Sweet Potato Brown Rice

Ingredients:Sweet potatoes 80 g. Brown rice 2 cups
Preparation:
1. Chop the sweet potato into small chunks, and set them aside.
2. Along with the brown rice, put the sweet potato into the inner pot of a rice cooker: add 3 cups of good water.
3. Place the inner pot in the rice cooker; add 1 cup of good water to the outer pot, and then steam until done. Serve.

Day 20 Lunch

◆Rice with Braised Veggies

Ingredients:Cooked brown rice 1 bowl String beans 30 g. Carrots 30 g. Western onions 30 g.
Chinese black mushrooms 30 g. Manioc starch 1 tsp. Cassava flour 20 g.
Soy sauce just a dab
Preparation:
1. Put the brown rice in a bowl, and set it aside.
2. Chop the string beans into sections; slice the onions and carrots; chop the mushrooms into small pieces.
3. Preheat a nonstick frying pan over low heat: add in the string beans, carrots, onions and mushrooms. Pour in 1/2 cup of good water and saute lightly; cover the pot and let the ingredients stew.
4. Mix the manioc starch with some water until it has an even consistency, and then whisk it

into the pot. Add some soy sauce, mix, and then turn off the heat. Now, use the braised ingredients as a topping for the rice. Serve.

◆Cold Kelp Threads with Sauce

Ingredients:Kelp threads 50 g. Ginger 20 g. Cayenne pepper 10 g.

Preparation:

1. Lightly parboil the kelp threads and then let them dry; chop them up. Cut the hot red pepper into thin strips. Put these into a bowl.
2. In a grinder, mash the ginger into a paste, and then pour it into the bowl: mix all of the ingredients evenly together. Serve.

◆Vegetable Soup

Ingredients:Baby napa cabbage 50 g. Scallions 20 g. Shredded ginger 20 g.
Bamboo salt a pinch Healthy Anti-Carcinogenic Soup Stock, or good water 350 cc.

Preparation:

1. Wash the cabbage and scallions, and then separate them and slice into sections. Set them aside.
2. Bring a pot of soup stock to a rolling boil, and then toss in the cabbage, scallions, ginger and bamboo salt. Wait until the pot boils again, and then turn off the heat.

Day 20 Dinner

◆Mexican Tacos

Ingredients:Corn flour 100 g. All-purpose flour 150 g. Tomato ketchup just a dab
Warm water 125 cc., at roughly 140o F. Bean sprout greens 80 g.

Preparation:

1. Mix the corn and all-purpose flour together, and then use the 140o F. warm water to make dough. Separate the dough into 50-g. portions: roll these out into round cakes.
2. Pour a little olive oil into a frying pan, heat up the pan, and then drop in the round cakes. You now have Mexican taco shells.
3. Wash the soy sprout greens, and then parboil for 1 minute. Ladle from the pot, and allow them to dry.
4. Lay a taco shell out on the counter-top, spread on a little ketchup, and then put some soy sprouts in the center.
5. Roll up the taco shell, holding the right and left outer edges. Once the sprouts are wrapped up, they are ready.
6. Follow the above procedure and finish making the tacos.

◆Sunshine Salad

Ingredients:Carrots 50 g. Western onions 50 g. Green peppers 50 g.
Lemon juice 1/2 spoonful Honey 1 tbsp. Apple vinegar 1 tsp.

Preparation:

1. Shred the carrots; slice the onions and peppers into thin disks.
2. Mix all of the ingredients together and put them on a plate.
3. Blend the lemon juice, honey and cider vinegar to make a dressing. Sprinkle this onto the salad and serve.

◆Zesty Soup

Ingredients:Kelp sprouts 30 g. Winter mushrooms 30 g.
Healthy Anti-Carcinogenic Soup Stock, or good water 350 cc. Miso just a dab

Preparation:

Bring the soup stock to a boil in a pot. Drop in the kelp, mushrooms and miso: bring the soup to a boil again. Serve.

Day 21 Breakfast

◆Fruit and Veggie Salad

Ingredients:Mangos 60 g. Cabbage 50 g. Small cucumbers 80 g. Walnuts 1 tbsp.

Preparation:

1. Wash the cabbage, and then chop it finely: spread it on the bottom of a platter.
2. Slice the cucumber; peel the mango and cut it into chunks. Place these onto the platter.
3. Finally, garnish with walnuts and serve.

◆Mashed Sweet Potato and Taro Root

Ingredients:Sweet potatoes 100 g. Taro 50 g.

Preparation:

1. Put the sweet potatoes and taro into a rice cooker; steam them until they are stewed to rags.
2. Remove the taro and peel it: mash it into a paste. With a soup spoon, scoop out some paste and knead it into a ball in your palm.
3. Finish off all of the taro according to step #2.
4. Take out the sweet potatoes, peel them, and then crush them into a paste.
5. Now, take a taro ball and coat it with a layer of sweet potato paste; Knead this into a ball by hand.
6. Cover all of the taro balls according to step #5. Serve.

◆Brown Rice

Ingredients:Cooked brown rice 2 cups Vegetarian soup stock 3 cups

Preparation:

Put the brown rice and soup stock into a rice cooker together: steam them until they are done. Serve.

Day 21 Lunch

◆Whole-Wheat Steamed Cake

Ingredients: Wolfberries 60 g. Pine nuts 30 g. Baking powder 15 g.
Sticky rice flour 300 g. Whole-wheat flour 300 g. Good water 450 cc.

Preparation:

1. Pour the sticky rice flour and whole-wheat flour into a large bowl, add some good water, and mix into dough.
2. Knead the dough into a thick, flattened disk and put it on a plate.
3. Put the plate into a rice cooker, steam for about 5 minutes, and then wait until the surface is slightly hardened. Scatter the wolfberries and pine nuts evenly over the dough.
4. Now, cover the pot again and steam for 10 more minutes. When the cake has cooled, slice it and serve.

◆Sweet Salad

Ingredients:Large tomato 1 piece of fruit Broccoli 60 g. Western celery 40 g.

Preparation:

1. Cut the tomato into quarters, chop the celery into thin strips, and set them aside.
2. Chop the broccoli into sections and parboil for 1 minute: let it dry, and set it aside.
3. Put all of the ingredients on a plate and serve.

◆Zesty Soup

Ingredients:Lima beans 50 g. Kelp braids 30 g. Vegetarian soup stock 500 cc.

Preparation:

1. Bring a pot of soup stock to a boil, and then toss in the Lima beans and kelp braid.
2. When the soup has boiled again, turn down the heat to low and cook for about 15 minutes, until the beans are soft and done. Now, add in some bamboo salt to taste, and then turn off the heat.

Day 21 Dinner

◆Nutritious Chinese Dumplings

Ingredients:Low-gluten flour 300 g. Good water 180 cc. Spinach 100 g.
Chinese tuber onion greens 150 g. Dried bean curd 50 g. Ginger 30 g.

Preparation:

1. Pour half of the flour into a large bowl, add in a suitable amount of water, and knead into dough.
2. Put the spinach into a juice blender along with some good water: mix until smooth. Use a piece of gauze to strain out the dregs, and you will have spinach juice.
3. Pour the remaining flour into the spinach juice: knead into dough.
4. Roll the dough into a long, narrow loaf, and then cut it into about 2-cm.-long slices. Use a rolling pin to flatten the slices out into dumpling wrappers.
5. Mince the Chinese tuber onion greens, chop the dried tofu into small cubes, and mix together to make the dumpling filling.
6. Put a scoop of filling onto each wrapper, and use your fingertips to seal the dumplings.
7. Bring a pot of water to a rapid boil, and then toss in the dumplings. When the water returns to a boil, add in 1 cup of good water.
8. When the water boils again, wait until the dumplings float on the surface: ladle them out.

Use the above proportions to extend the recipe. The raw, uneaten dumplings can be put into sealed containers and stored in the freezer. When you need them, just take them out and drop them into a pot of boiling water. They are ready.

◆Multi-Colored Braised Veggie Medley

Ingredients:Olive greens 50 g. Sweet red pepper 30 g. Sweet yellow pepper 30 g.
Purple cabbage 30 g. Dried Chinese black mushrooms 3 stalks Olive oil 1 tsp.
Soy sauce 1 tsp. Rice vinegar 1 tsp.

Preparation:

1. Soak the mushrooms in hot water until they expand, and then dice them into thin slivers. Set aside.
2. Chop the olive greens into sections. Bring a pot of water to a rolling boil and parboil the olive greens with the mushrooms. Ladle them out and let them dry off: put them on a plate.
3. Chop the red and yellow peppers along with the red cabbage into fine strips. Mix them well, and then put them on the plate.
4. Finally, blend the olive oil, soy sauce and rice vinegar together to make a dressing. Sprinkle this over the salad and serve.

◆Thick Corn Soup

Ingredients:Corn kernels 30 g. Carrots 30 g. Potatoes 30 g.
Healthy Anti-Carcinogenic Soup Stock, or good water 350 cc.

Preparation:

1. Chop the carrots and potatoes into small cubes, and set them aside.
2. Bring the soup stock to a boil in a pot. Now, toss in the corn kernels, carrots and potatoes. When the water has boiled again, turn off the heat and serve.

Fruits

When you get hungry between meals, eat fruit - it's the perfect snack snack!

Apples

Due to the fact that apples contain every type of organic acid and are therefore excellent anti-toxins, we have the well-known saying, "An apple a day keeps the doctor away." Apple pectin promotes the proper functioning of the internal organs, and this fruit's fructose relieves fatigue. Besides this, apples also contain a large quantity of anti-oxidants, preventing cell damage caused by free radicals. The potassium found in apples binds with the body's excess sodium ions, so if one eats apples, this will aid in ridding the body of salt and will relieve high blood pressure.

Bananas

Bananas should be eaten along with their skin[1]. Their flesh is excellent for the stomach, while banana peel is good for the heart:: eating this fruit, your system can completely absorb and maintain a nutritional acid-base equilibrium, caring for the heart and stomach, as well. The banana's sugar content is an energy-booster, and its fiber can stimulate intestinal peristalsis, causing unimpeded elimination. Bananas are rich in potassium that can stabilize the body's excess sodium, preventing the incidence of high blood pressure and cardiovascular disease.

Grapes

Grapes are a food that is beneficial for the kidneys, internal secretions and the urogenital system, but the pulp, skin and seeds should be consumed together. The whitish layer of the grape skin known as grape phenol is its most nutritious part, having all sorts of effective anti-aging and sickness-resisting properties: it is one of the finest anti-carcinogens. Besides this, the grape's sugar and iron content can renew physical stamina and prevent anemia. Additionally, grapes aid in ridding the liver, kidneys and gastrointestinal tract of wastes and toxins.

Peaches

Peach juice has a delightful flavor, and besides its relatively high carbohydrate, vitamin and fat content, it is also rich in easily assimilated organic acids which can stimulate the appetite and the secretion of digestive juices; moreover, the peach's fiber and pectin increase intestinal peristalsis, aiding the digestion. Peaches also contain a fair amount of minerals like iron, which functions as a useful blood-building agent, and potassium, that has diuretic properties and relieves swelling.

Watermelon

Of all melons, the watermelon contains the most copious supply of juice. On summer days, a chilled, juicy slice of watermelon is not only cooling and thirst-quenching, but can also compensate for the body's lost moisture. When eating watermelon, be sure to consume both the reddish pulp as well as the white outer skin. The watermelon is also extremely good for you: besides providing important nutritional elements including carbohydrates, vitamins, organic acids and minerals, watermelon juice also contains a type of diuretic that can enhance kidney functioning.

Pears

Widely known by the lovely title "ancestor of all fruits", the pear is light, crisp and juicy to bite into. Since ancient times, it has been utilized as a medicinal fruit to purify the heart and moisten the lungs; it aids in reducing phlegm and stopping coughs, and its peel is beneficial for the liver, alleviating heat in that organ and purifying it of toxins. Not to mention its organic, mineral and fiber constituents, which not only lower cholesterol but also stimulate the intestinal lining, thus alleviating constipation.

Tomatoes

The tomato counts as both a fruit and a vegetable; generally speaking, the larger varieties are better than the smaller ones. Tomatoes not only lessen heat in the body, but are also high in fiber; among their nutritional contents there is an abundance of vitamins and lycophene, providing even greater health benefits. Lycophene is an especially powerful anti-oxidant pharmaceutical which can prevent osteoporosis: most importantly, it can also slow down the ageing process and lessen the risk of cancer. High in potassium, tomatoes can also lower the blood pressure.

Kiwi Fruit

Everybody knows that he sweet-tart kiwi fruit is low in calories and rich in vitamin C, but this fruit also contains vitamin E, refined amino acids, carbohydrates, phenols, copper, iron and other powerfully effective anti-oxidant chemicals that can both prevent and combat cancer and cardiovascular disease, while also promoting the body's immunological defenses. Kiwi fruit also contains a high volume of nutritional fiber, promoting intestinal peristalsis and maintaining the body's healthy internal environment.

Star Fruit

In traditional pharmaceutical botany, the star fruit is known as the "five-fold collection", for it is thought to expel summer heat and reduce the fire element[2], produce saliva, quell thirst, moisten the throat and make qi[3] circulate freely throughout the body. This fruit is quite effective in alleviating infectious respiratory ailments. In fact, star fruit has an abundance of moisture and contains the vitamins A, B1, B2, C, as well as dietary fiber, carbohydrates, organic acids, a trace of fat, protein, etc.; it can also improve poor digestion and helps to relieve flatulence, cases of the hiccoughs and other digestive disorders.

Oranges

When eating oranges, it is best to slice off the outer peel with a knife, and then eat the fruit's pulp together with the white wrapping that lies just between the fruit's inner flesh and peel. This should be done due to the fact that the orange peel's tartness is much too strong, making it unsuitable for consumption. Oranges are rich in vitamin C, zinc and folic acid; not only can they lessen the incidence rate of cardiovascular disease and cause injuries to heal faster, oranges can also aid in the absorption of calcium and iron, helping to maintain the body in good health. This fruit is also provided with biological flavonoids, cancer-combating agents that can suppress the propagation of glandular cancer attractor cells.

Grapefruit

Grapefruit is full of nutrients such as vitamins A and C, folic acid and potassium; moreover, the red-pulped varieties also contain beta-carotene and lycophene. These elements can boost the metabolism, reduce cholesterol and prevent the incidence of cardiovascular disease. Grapefruit pulp also contains a unique variety of flavonoid that can be effective in suppressing the metastasis of normal cells into cancerous ones. Yet another of the grapefruit's outstanding health benefits is that it weighs in with 10 grams of dietary fiber -- twice that of most other fruits. Thus, eating grapefruit is excellent for the elimination of bodily wastes.

Pineapples

Besides containing an abundance of vitamin C, the sweet-tart pineapple also has a fair amount of vitamin B1, which functions in conjunction with cereal-based amino acids to mitigate fatigue. Additionally, the bromelin contained in the pulp of this fruit is, like papaya enzyme (papain), a kind of natural proteinase: besides its ability to aid the digestion, research has also proved that this type of enzyme serves to retard and alleviate the development of artery-blocking blood clots and other disorders leading to heart disease.

The Wax Apple

The wax apple is a variety of tropical fruit: it is small, pinkish-red, and shaped like a bell. The moisture content of this fruit is quite high, and its function in traditional Chinese medicine is to cool the body and mitigate excess internal heat. Since the wax apple lowers body temperature, is high in special-quality dietary fiber and additionally has diuretic properties, it is helpful for weight control and can also reduce swelling. In the traditional Chinese medical pharmacopoeia, the wax apple is considered to have nerve-relaxing properties: it can lighten or cure the short-temperedness that accompanies extremely hot weather conditions.

Mangoes

The deeply fragrant mango is a tropical fruit. Its flesh is a golden yellow color, and it is therefore an abundant source of vitamin A; besides beautifying the skin and complexion, it promotes the body's resistance to disease, improves the eyesight and prevents eye disease. This fruit's vitamin C content is extremely high, hence it is beneficial in lowering cholesterol and preventing hardening of the arteries and high blood pressure. Mangoes are also a relatively good source of protein, dietary fiber and fruit pectin; they help reduce fatigue and maintain digestive regularity.

Persimmons

In terms of good health, the best thing about the orange-colored persimmon is that it contains carotene, vitamins A and C, and the minerals potassium, phosphorus and iron. In particular, its vitamin C content is far higher than that of most other fruits; functioning in conjunction with vitamin A, this can effectively boost the immune system, prevent cardio-vascular disease and ward off the mental confusion attendant upon hardening of the arteries. Besides all this, fresh persimmons are not only high in iodine, but also have diuretic properties.

The Honey Dew Melon

The soft, porous flesh of the honey dew melon contains ten times more vitamin C and fifty times more vitamin A than an apple. It is a light food that is high in nutrition yet low in calories. The honey dew melon contains both lutein and zeaxanthin; it helps to lower blood cholesterol, boost the metabolism, and also has anti-inflammatory and cancer-fighting properties. Chinese medical annals relate: "Eat this fruit on hot days and you will never succumb to heat-stroke." In sweltering summer weather, after having absorbed too much sun one can obtain relief from heat conditions and diuresis by partaking of this fruit.

Loquats

Loquats contain an abundant supply of carotene and vitamin B; they help to maintain good vision, keep the skin moist, and also have the important function of promoting fetal development. Furthermore, besides its medicinal use as a cough inhibitor and phlegm reducing agent, it also contains a substance known as bitter almond extract that is a cancer inhibitor. The loquat has just the proper amount of organic acids, hence can stimulate the digestive glands' secretions and benefit the digestion.

Guava

The moderately sweet, crisp-textured guava contains copious amounts of vitamins A and C; especially in terms of its high vitamin C content it counts as the champion of all fruit, and the wild red-centered species that is native to Taiwan has still more. The guava is excellent for relieving colds, headache, stomach-ache, and so on; since it has an abundance of dietary fiber and is low in calories it makes one feel full, so it is a good choice for people who want to control their weight.

Avocado

Although the avocado does not have a sweet taste, it is particularly high in fat and has four times the calories of other fruits. Nevertheless, due to its low sugar / high energy properties, it is appropriate for diabetic diets. Avocadoes contain lots of oil, but this is all in the form of unsaturated fatty acids that can reduce cholesterol in the blood and prevent the accumulation of cholesterol in the arteries: this is beneficial for maintaining healthy brain cells.

Plums

Plums count among the more acidic fruits, but they contain an abundance of minerals such as potassium, calcium and iron, as well as malic acid and citric acid, carbohydrates and dextrose. They can stimulate the production of digestive fluids, increase intestinal peristalsis, alleviate fatigue, prevent anemia and boost the appetite. Moreover, plums are high in dietary fiber and are useful in relieving constipation.

Strawberries

Strawberries are high in vitamin C, bolstering the body's immune system and protecting the circulatory system. On top of that, because they contain anti-oxidants like tannic acid, carotene and cyanine, eating strawberries can control the production of cancer-inducing agents; hence, the strawberry has assumed a prominent role as an anti-carcinogen. Additionally, this fruit contains a fairly high amount of fibrous elements, so it is effective in reducing cholesterol, relieving constipation and correcting high blood pressure.

1 Eat a banana peel?! In fact, this is easy to do: first wash the fruit carefully, and then cut it into thin round slices, leaving a small ring of peel around each slice. This can be consumed with no problem.

2 Fire in the body: According to Chinese medical practitioners, the body is composed of five elements - fire, wood, earth, metal and water -- that arise in succession and also have mutually restrictive properties.

3 Qi: In Chinese medicine, the physical body is thought to be vivified by a form of energy known as qi, which flows in channels running parallel to the nervous system.

Cooked Vegetable Dishes

01 Sliced Sugared Lotus Root

Ingredients:Lotus roots 100 g. Black sesame seeds A pinch
White sesame seeds A pinch Sugar-cane juice 600 cc. Rice vinegar 200 cc.

Preparation:

1. Wash the lotus roots and slice thinly. Set aside ready for use.
2. Put the sugar-cane juice in a pot and bring it to a boil, then add the lotus root slices and rice vinegar, and let the mixture stew.
3. Simmer over low heat for approximately 30 minutes, until the lotus roots have completely absorbed the liquid ingredients and have become soft and tender.
4. Remove from the pot and place on a platter: sprinkle on the sesame seeds. It is ready to serve.

02 Bean Curd Skin with Tomatoes

Ingredients:Bean curd skin 1 piece Large tomatoes 60 g. Scallions 20 g.
Bamboo salt a pinch Cold-pressed olive oil 1 tbsp.

Preparation:

1. Slice the tofu skin into approximately 1 cm. pieces and cut the tomatoes into small sections. Clean the scallions and dice very fine.
2. Pour the olive oil into a non-stick frying pan; warm the pan. Put all ingredients into the pan and lightly stir-fry. Now add bamboo salt and 1 tbsp. water: cover the pan and stew for 1 minute.
3. Remove the cover and stir-fry evenly, then turn off the stove and serve.

03 Tender Steamed Bean Curd

Ingredients:Soft tofu 1 package Green soya kernels 10 g.
Chinese black mushrooms 10 g. Vegetarian soup stock 50 cc.

Preparation:

1. Wash the mushrooms and chop into thin pieces; set them aside, ready for use.
2. Place the tofu and soup stock into a fruit blender and blend evenly.
3. Pour this mixture into a bowl; sprinkle on the chopped mushroom and green soy kernels.
4. Place this large bowl into a rice cooker and steam for 20 min. until the mixture is fully cooked. Serve.

04 Tasty and Refreshing Tossed Vegetables

Ingredients:Soya sprouts 50 g Soy sauce just a bit Sesame oil just a bit
Chinese black mushrooms 30 g. Rice vinegar 2 tbsp. Chili peppers 10 g.
Chinese Mu'er mushrooms [Edible tree fungus / Auricularia auricular judae] 30 g.

Preparation:

1. Chop the mu'er into strips; cut the black mushrooms into thin pieces; cut the chili peppers into small sections. Set aside ready to use.
2. Bring a pot of water to a rolling boil, and add the soya sprouts, mu'er and black mushrooms. Once they have been parboiled, scoop them out of the pot and let them drip-dry.
3. Add the rice vinegar, chili pepper, soy sauce and sesame oil. Toss all ingredients evenly, put on a platter and serve.

05 South Seas Curry

Ingredients:Onions 50 g. Potatoes 60 g. Carrots 40 g. Vegetarian soup stock 300 cc.
Curry powder 2 tbsp Cold-pressed olive oil 1 tbsp. Soy sauce just a touch

Preparation:

1. Chop the onions, potatoes and carrots into chunks; set aside ready to use.
2. Pour the olive oil into a frying pan and heat. Add the onions, potatoes and carrots: stir-fry until they are almost done on the outside.
3. Pour in the soup stock, curry powder and soy sauce: mix evenly. Lower the temperature and boil for about 30 minutes. Serve right away.

06 Saltwater-Prepared Tender Soya Pods

Ingredients:Young soya pods 80 g. Bamboo salt 1 tsp. Star anise 2 pods
Black pepper powder 1 tbsp.

Preparation:

1. Boil a pot of water and drop in the star anise and soya pods; boil for about 15 minutes.
2. When completely cooked, scoop the ingredients from the pot and allow them to drip-dry. Add the black pepper and bamboo salt: toss evenly. Serve.

07 Kumquats and Turnip Strips

Ingredients:Kumquats 3 fruits White turnip (daikon) 80 g. Chinese wolfberry 1 tbsp.
Plum juice 1 tbsp. Cilantro 1 stalk

Preparation:

1. Chop the daikon into thin strips and mince the cilantro. Mix together in a bowl.
2. Squeeze the juice out of the kumquats, then cut them into cubes. Along with the juice, stir into the daikon.
3. Now, add the wolfberries and plum juice; blend in evenly, then let the mixture steep for 30 minutes. Serve.

08 Vegetable Jelly

Ingredients:Carrots 30 g. Green soya kernels 30 g. Chinese wild yam 50 g.
Elephant foot powder 50 g. Healthy anti-carcinogenic soup stock 100 cc.
Plum juice 1 tbsp.

Preparation:

1. Cut the carrots and Chinese yam into small cubes.
2. Bring a pot of water to a rolling boil. Drop the carrots, soya kernels and Chinese yam successively into the pot; boil until done. Scoop the ingredients from the pot and allow them to drip-dry, then place them in a bowl.
3. Put the elephant foot powder into the bowl, and then slowly add the soup stock. Blend evenly until the mixture becomes sticky and dense.
4. Pour into a mold and place in the freezer compartment of your refrigerator. Serve in slices, dribble on some plum juice as a topping.

09 Bean Curd Balls

Ingredients:Tofu 1 piece Carrots 30 g. Cilantro 10 g. Sweet potato starch 1 tbsp.
Bamboo salt a pinch

Preparation:

1. Mince the carrots and cilantro; set aside, ready for use.
2. Put the carrots in a frying pan and fry over low heat until done.
3. Mash the tofu into a paste, and then blend in the carrots, cilantro, cassava starch and bamboo salt. Blend evenly.
4. Heat up the frying pan again. With a soup spoon, scoop up some tofu paste and form it

into a ball. Fry the tofu balls.

5. Repeat step 4 until all of the tofu paste has been made into balls; fry until the surface turns golden-brown.

10 Sweet and Sour Vegetables to Accompany Rice

Ingredients:Tomatoes 50 g. Pineapple 50 g. Green Peppers 30 g.
Tomato Juice 1 tbsp. Filtered water 1 tbsp.

Preparation:

1. Chop the tomatoes, pineapple and green peppers into pieces; set aside, ready to use.
2. Heat up a frying pan. First, put the tomatoes, tomato juice and filtered water into the pan: mix evenly and fry. Afterwards, add the pineapple chunks and the green pepper. Stir-fry for approximately 3 minutes, and then serve immediately.

11 Easy-to-Make'saka Pancakes

Ingredients:Wheat flour 50 g. Water 50 cc. Western cabbage strips 100 g.
Nori powder 1 tbsp. White sesame seeds 1 tbsp.
Healthy and tasty seasoning powder 1 tbsp. Cold-pressed olive oil 1 tbsp.

Preparation:

1. Put the flour, water and seasoning powder into a bowl: mix evenly until it becomes a paste.
2. After chopping the cabbage into thin strips, stir it into the wheat paste mixture.
3. Preheat a frying pan. First, pour in the olive oil, and then add the wheat paste mixture.
4. Cook over low heat for approximately 5 minutes, then flip it over and cook for another 5 minutes.
5. Test to see if the pancake is done: insert a bamboo chopstick into the middle -- when the chopstick comes out without any paste sticking on it, you can turn off the heat and remove it from the pan.
6. Place on a platter. Finally, sprinkle on the nori powder and white sesame seeds. Serve immediately.

12 Braised Wild Mushroom Mix

Ingredients:Chinese black mushrooms 20 g. Abalone mushrooms 20 g.
Pleurotus geesteranus mushrooms 20 g. Sweet peas 30 g. Ginger threads just a few
Soy sauce 1 tbsp. Olive oil 1 tbsp.

Preparation:

1. Cut the black mushrooms, abalone mushrooms and P.g. mushrooms into thin slices. Set aside, ready to use.
2. Preheat a frying pan. First, fry the ginger strips, and then pour in the soy sauce and olive oil.
3. Toss in the mushroom mix and stir-fry. Now, add the sweet peas and fry for 1 minute. Turn off the heat and remove from the pan.

13 Potatoes with Tomato Sauce

Ingredients:
Red tomatoes 100 g. Potatoes 100 g. Onions 30 g. Garlic 2 heads Vegetarian soup stock 1,000 cc.

Preparation:

1. Cut the potatoes into large sections; chop the tomatoes, onions and garlic into small cubes. Set aside, ready for use.
2. Place all of the ingredients in a soup pot. Cook over high heat until the broth has come to a rolling boil, then turn the heat setting down to low. Continue to simmer the mixture for 30 minutes. Serve.

14 Vegetable Stew

Ingredients:Chinese black mushrooms 3 mushrooms Black mu'er mushrooms 10 g.
Taro root 50 g. Tomatoes 30 g. Cold-processed bean curd 1 piece Black vinegar just a touch
Shandong cabbage 100 g. Vegetarian soup stock 1,000 cc. Bamboo salt a pinch

Preparation:

1. Chop the cabbage into sections, cut the black mu'er into strips, and chop the taro root and tomatoes into pieces. Set them aside, ready to use.
2. Pour the soup stock into a soup pot and turn the heat setting to high. Bring to a boil, and then drop in all of the ingredients.
3. Once again, bring the mixture to a boil, then turn down the heat setting to low: simmer for about 30 minutes. When all of the ingredients are stewed to rags, it is ready to serve.

15 Salty Vegetable Pie

Ingredients:Pumpkin 200 g. Apples 50 g. Carrots 50 g. Sweet bell peppers 30 g.
Asparagus 30 g. Pine nuts 1 tbsp. Whole wheat flour 200 g.

Preparation:

1. Slowly add water to the whole wheat flour. Knead it until it is evenly mixed, and then form a ball of dough.
2. With a rolling pin, roll the dough out into a flat sheet. Lay this out over the bottom of a pie plate.
3. Chop the apples, carrots, bell peppers and asparagus into small pieces. Set aside, ready to use.
4. Steam the pumpkin until it is done, and then mash it into a paste. Stir this into the chopped fruit and vegetable mixture.
5. Pour the evenly-blended mashed pumpkin mixture onto the pie dough. With a scraper, even the top so that it is flat.
6. Preheat the oven to 350_ F. Put the pie into the oven and bake until the top has turned a golden-brown color. Serve.

16 Daikon Slices with Miso

Ingredients:Daikon turnip 150 g. Miso 2 tbsp. Bamboo salt 1 tbsp. Rice vinegar 1 tbsp.
Hot red peppers 1 pepper

Preparation:

1. Chop the hot pepper into thin strips and set aside, ready to use.
2. Chop the daikon into thin strips: do not remove the skin. Put this into a large bowl.
3. Sprinkle on the bamboo salt and let the daikon set for 1 day. Wait until the daikon emits moisture.
4. Take the daikon and stir in the miso, rice vinegar and red peppers. Let the mixture set for another day. It is now ready to serve.

17 Natural Flavored Vegetable Shish-kebab

Ingredients:Green peppers 30 g. Carrots 50 g. Potatoes 50 g. Pineapple 50 g.
Ginger juice 1 tbsp. Soy sauce 1/2 tbsp. Honey 1 tbsp.

Preparation:

1. Cut all of the vegetables into chunks, and put them together in a large bowl. Mix them thoroughly, and then let them set for 30 minutes.
2. Blend the ginger juice, soy sauce and honey evenly: this is the sauce.
3. One-be-one, attach all of the vegetables on bamboo skewers.
4. Place all of the shish-kebab on a baking pan. On the surface, paint a thin coating of sauce on evenly, turning the skewers over from time to time. Bake until the surface shows signs of doneness. They are ready to serve.

18 Multi-Colored Vegetable Box

Ingredients:Italian broccoli 50 g. Brussel sprouts 30 g. Pumpkin 50 g. Eggplant 50 g.
Carrots 50 g.

Preparation:

1. Chop the Italian broccoli, pumpkin, eggplant and carrots into small chunks. Set aside, ready to go.
2. On the stove-top, preheat a frying pan. Pour in the carrot, pumpkin and eggplant; afterwards, add 1 tbsp. water and cook until done. Finally, add in the broccoli and brussel sprouts.
3. Remove from the pan and pour into a box. Before eating, sprinkle on a bit of Healthy and Tasty Seasoning Powder, and then serve.

19 Crock-Pot Vegetables

Ingredients:Vegetarian soup stock 500 cc. Bean curd 1 piece Sesame oil a few drops
Shungikee (Garland chrysanthemum) 50 g. Napa cabbage 50 g.
Enoki mushrooms [Winter mushrooms, Flammulina velutipes (Fr.) Sing] 50 g.
Bean thread noodles 20 g. Green garlic 1 stalk Bamboo salt a pinch

Preparation:

1. Wash the napa cabbage and shungikee; cut the tofu into chunks, and slice the garlic slant-wise into strips. Set these aside, ready to use.
2. Lay the napa cabbage out flat along the bottom of a crockery pot. On top, put the tofu chunks: pour on the soup stock and cook until the mixture comes to a boil.
3. Once the broth has come to a boil, put in the shungikee and bean thread noodles; bring everything to a boil again, and then turn off the heat.
4. Before setting on the table, while the mixture is still hot, sprinkle on the green garlic bits, bamboo salt and sesame oil. Serve.

20 Nutritious Pearl Balls

Ingredients:Sticky rice 50 g. Purple Chinese yam 200 g. Shepherd's purse 50 g.

Preparation:

1. Before starting to cook, soak the rice in water for 2 hours.
2. Put the Chinese yam in a rice cooker and steam until it is thoroughly done. Take it out and remove the skin; mash it into a paste.
3. Peel the shepherd's purse, and then chop it into small cubes. Stir this into the Chinese yam paste.
4. Let the rice dry, and then spread it on a plate. Take a suitable amount of yam paste and knead it into balls. Put the yam balls in the plate and roll them around until they have picked up the rice grains. Be sure that the yam is evenly coated with rice.
5. Put the finished pearl balls onto a platter: place in a rice cooker and steam for

approximately half an hour. Serve.

21 Soft Breeze Perilla and Elephant-foot

Ingredients:Elephant-foot slices 30 g. Perilla leaves (Chinese basil) 2 stalks Soy sauce 1/2 tbsp. Large cucumbers 50 g. Kelp 30 g. Filtered water 1 tbsp. Rice vinegar 1/2 tbsp.

Preparation:

1. Slice the cucumber into thin pieces and set aside, ready to use.
2. On the stove-top, preheat a frying pan. First, put in the kelp and elephant-foot strips, and then add the rice vinegar, soy sauce and water. Cover the pot and let the mixture stew.
3. Finally, put in the cucumber and perilla -- saut_ for about 3 minutes. Remove from the frying pan and serve.

Common Questions about the Detoxification Diet Program

1. Q: For a detoxifying dietary plan, how much food constitutes "one portion"?
   A: Each person's food intake capacity is different, and a detoxification regime will take this into account. I recommend 50-60 g. as a standard portion, which can be adjusted up or down according to individual needs.
2. Q: Besides the types of root, stem, flower and fruit vegetables previously listed in your book as having detoxifying properties, are there any others?
   A: Root Vegetables: Carrots, daikon, turnips, horse-radish, beets, burdock, yukijobi [Smallanthus sonchifolius], yam bean [Pachyrhizus erosus].
   Stalk Vegetables: Elephant-foot [Amorphophalus Konjac C. Koch], taro, bamboo shoots, tender-stemmed lettuce, round-stemmed kale, Indica mustard (salted vegetable root), wasabi, potatoes, Chinese yam [Rhizoma diosoreae], lotus root, asparagus, lily, water chestnut, ginger, onions.
   Flowered Vegetables: Cauliflower, broccoli, day lily, flowering Chinese chives, rue.
   Fruit Vegetables: Tomatoes, sweet pepper, chili pepper, eggplant, Chinese wolfberry, okra, sweet corn, water caltrop, lily flowers, okra, small cucumbers and other types of squash.
3. Q: On this diet, what should I do if my hands and feet start feeling cold?
   A: Cold hands and feet are caused by poor circulation and inefficient metabolism. To correct this condition, use food ingredients with heating properties, such as ginger, scallions and onions.
4. Q: Eating sweet potatoes leads to flatulence: is there any way of avoiding this problem?
   A. Sweet potatoes contain enzymes that produce gasification, so as soon as they have entered the digestive system and begin to be broken down, gases will be produced. If the intestinal tract is in an acidic state at this time, even more gases will be produced: this is the cause of flatulence. It is best to maintain the intestinal tract in a weakly alkaline state, in which case this problem can be alleviated.
5. Q: Does eating detoxifying foods cause the body to produce more secretions?
   A: This is a typical reaction to detoxification. Congratulations - keep up the good work!
6. Q: While undergoing detoxification, why is it that those suffering from acute illnesses are advised not to eat sprouts, legumes or leafy vegetables?
   A: You can eat soy and green lentil sprouts which have been sprouted at home, but be extremely careful about those sold in supermarkets - they are apt to contain bleaching or weed-killing agents. For the same reason, it is also not advisable to eat alfalfa sprouts. Legumes can be a potential problem for those with chronic illnesses like cancer or obesity, since most types of beans contain large amounts of vegetable oil and protein, which can aggravate such conditions. For people with no health problems, however, legumes pose no problem when eaten in moderation. Leafy vegetables should not be eaten raw, as they are more apt to contain remnants of agricultural chemicals than root or stalk type vegetables; they may also host insect parasites.
7. Q: Pumpkin, soy beans and mushrooms are excellent cancer-combating foods: why are they not included in detoxification dietary programs?
   A: From a Chinese medical standpoint, pumpkin and mushrooms are both foods that are apt to induce allergic reactions, and clinical research has shown that soy beans should not be eaten by those suffering from tumors. These three types of food have been excluded from the diet for these reasons.
8. Q: If one does not eat fish, meat, eggs or dairy products, how can the body absorb enough protein?
   A: In a detoxification diet, you can eat seaweed, snow-peas, nuts and coarse cereals, all of which provide the body with the necessary protein.
9. Q: What are some possible detoxification reactions? How can I know if the symptoms I am experiencing are detoxification reactions?
   A: Some examples of possible detoxification reactions are: headache, weakness, general discomfort, sensitive skin, slowed bowel movements, diarrhea, increased urination, fatigue, inertia, nervousness, irritability, feeling negative and depressed, fever and other cold-like symptoms. Some chronic complaints that have been suppressed by medications but not really cured will become apparent; for example, those prone to high blood pressure may find their blood pressure temporarily heightened, diabetics might discover that their blood sugar level is up -- don't worry, this is actually a good sign! Such symptoms should not be cause for alarm, and will naturally go away in a few days' time. In any case, most people find that these symptoms are bearable, and you should feel pleased about experiencing such "problems", since they are signs that the detoxification diet is working.
   Detoxification reactions may last from three days to two weeks, depending upon differences in peoples' physical constitutions.
10. Q: When on a detoxifying diet, what can I do to alleviate uncomfortable symptoms?
    A: When experiencing detoxification reactions, you should take it easy, get more sleep, drink more good-quality water and eat more synthetic plant enzymes: this will lighten such feelings of discomfort.
11. Q: While on a detoxifying diet, is it alright to be taking Chinese medicine?
    A: On this kind of diet, you are allowed to take Chinese medicine. There should be no conflict between the two; in fact, they often have mutually-supportive effects, so don't worry and continue taking your medicine.
12. Q: Will eating a detoxifying diet cause one to lose weight for the duration of the treatment?
    A: At the beginning of the treatment you will lose weight, because the recommended foods contain a generous amount of fiber. This will stimulate intestinal peristalsis, cause an increase in bowel movements, and lessen the amount of oil, salt and sugar in the body; as a result, you will lose weight. However, detoxification plans help the physical constitution regulate itself, so you should not continue to lose weight. Generally speaking, after you have lost a bit too much weight for your body type, you should revert back to your normal weight once again.
13. Q: If your body is chilly and weak, can you go on a detoxifying diet?
    A: Yes, you can. Just boil some ginger broth and take it at mealtimes, or add scallions, garlic or onions to your cooking recipes.
14. Q: Do you have to take synthetic plant enzymes and plant energy supplements (made of kelp) while on a detoxifying diet?
    A: If you take these supplements along with the other recommended foods, the detoxification results will be more complete and more evident.
15. Q: In your book, you say that those with chronic ailments or suffering from cancer should eat foods that have been tested by health specialists. Where can one find this type of specialist?
    A. You can find this kind of professional or volunteer specialist -- people who have gone through special training -- in any neighborhood. For more detailed information, call [Taiwan] 886-02-2920-3986, and have a consultation with the Luke Company.
16. Q: When undergoing chemotherapy, radiotherapy or electrotherapy, can one go on a detoxifying diet? Can you tell me what I should be careful about at this time?
    A: You can go on a detoxifying diet while undergoing these procedures, but be sure to find out if foods have come from a polluted source. For the raw-foods portion of your meals, it is advisable to purchase naturally-grown fruits and vegetables; in addition, these foods should undergo purification in a food detoxifier before being eaten.
17. Q: Is it true that you are only allowed to drink kombu [kelp] broth on this diet?
    A: For the soup portion of your meals it is good to add seaweed and vegetables, among which kelp is included. But you should be careful to eat different kinds of foods: eating the same thing day after day is definitely to be avoided.
18. Q: Is it true that this kind of diet absolutely forbids the use of seasonings?
    A: When you are just getting started on this diet, you can begin by reducing your oil, salt and sugar intake, thus allowing your taste buds to gradually revive and adjust. Having progressed this far, you will be able to forego seasonings and let your taste buds experience your foods' true flavors, simultaneously lessening the burden on your body's internal organs. If you do utilize seasonings, it is best to substitute bamboo salt for regular table salt and use cold-pressed
19. Q: Besides brown rice, what other kinds of cereal foods are you allowed to eat?
    A: You can accompany brown rice with the following grains, which may be boiled along with your rice.
    Cereals: Rice germ, millet, Job's tears, wild rice, semi-refined rice (red, white or black).
    Grains: Barley, wheat, buckwheat, Incan quinoa, rye.
    Coarse cereals: Chinese sorghum, corn, amaranth, Gorgon fruit, tapioca, Western Job's tears, lotus seeds, green lentils, red beans.
    Dried legumes: Hyacinth beans, rice beans [mambi beans; Vigna unguiculata (L.) Walp], black-eyed peas, kidney beans (black or red).

Fresh legumes: Kidney beans, string beans, young soy beans, Lima beans, sweet peas, peas, hyacinth beans [Lablab purpureus (L.) Sweet], snow peas.
Fermented beans: Natto.

20.Q: Must one end this detoxification diet exactly at your book's recommended cut-off time?
A: If you can continue this diet right up to the book's recommended cut-off time, you will experience the optimal results; if you cannot continue and go off the diet, then the result will be in proportion to the amount of time you kept it up. In any case, exceeding the recommended cut-off time is better than never having gone on the diet at all.

21.Q: How can working people keep up this diet?
A: Busy working people can mix one piece of fruit and two types of vegetable in a blender and drink this as a beverage. Even the sweet potato and rice part of the diet can be conveniently boiled before going to bed; in the morning, make these into pocket sandwich rolls or sushi and eat them.

22.Q: How can people who work the night shift follow this diet? Should I add any supplementary foods to my diet?
A: Night workers can follow the book's instructions just as they are, supplementing this with B-complex vitamins and synthetic vegetable enzymes. However, the body's energetic channels move according to fixed laws, so you ought to take into serious consideration the far-reaching effects of this type of work. In fact, you would be better off avoiding the night shift.

23.Q: Is it absolutely necessary to drink 1,260 cc. of water every morning? What if I absolutely cannot drink so much?
A: Right after getting up in the morning and before brushing your teeth, drinking some water is helpful for detoxification. Of course, it is rather hard to chug down seven glasses of water first thing in the morning, so start out with 500 cc. and build up gradually from there. If you drink one piece of fruit plus two types of vegetable that have been processed in a blender in the morning, then taking 500-700 cc. of water will be sufficient.

24.Q: How long must one be on this diet in order to see the desired results? Can it help cancer patients?
A: Actually, this detoxifying diet functions both on nutritional and lifestyle levels. Dietary purification will progressively lead to physical purification. Cancer patients tend to have a long-term acidic pH balance, so when their bodies have been purified by this diet, their internal organs will become healthy. In at least 4 to 6 months' time, this condition can be improved. Let me reiterate, this diet is also a life-style: it is a formula for those who want to start a new life through nutritional means.

25.Q: Can you complete a detoxification program in only 21 days?
A: A 21-day detoxification program is designed to benefit people who are not suffering from any maladies; for people with chronic illnesses or tumors, at least four months will be necessary, and all three daily meals should be planned in accordance with the recommended diet. This should be accompanied by 14 days of extra-strength detoxification, and the "seven daily steps for healthy living" should also be energetically carried out.

26. Q: What is "good water"? Where can this be purchased?
A: 400 years ago during the Ming dynasty, Li Shizhen wrote about "snow water" in his book The Great Compendium of Chinese Materia Medica: this is what I am referring to when I use the term "good water". In his travels, Li discovered that villages where people lived to a ripe old age were located midway up mountain slopes; consequently, there would always be a Heaven-sent supply of excellent water available. But ordinary people can follow the advice in this book and select the best kind of water purification system.

27. Q: Does everybody need to take an enzyme supplement?
A: Enzymes are catalysts that help to set off the body's chemical reactions. They are stored in raw greens, vegetables and fruits. If you can eat enough raw fruits and vegetables every day, taking supplements should be unnecessary -- if not, then it is advisable to take these supplements. For those with no health problems, take a supplement before each of your three daily meals; those with chronic illnesses or tumors should accompany their detoxifying meals with supplements, as described in the book Fresh, Light, Toxin-Free! .

28. Q: Are enzymes the same as yeast?
A: No, enzymes are not yeast - the two are not the same. Most of the body's internal activities and reactions require enzymes in order to operate efficiently. Enzymes can maintain the body's normal functions, digest foods, repair tissues, and so on. They contain an abundant supply of B-complex vitamins and plant proteins, and can improve the condition of those who tire easily, or whose lips tend to crack and split in the corners.

29. Q: If I eat kelp, must I still take a vegetable energy supplement (kelp powder)?
A: This kelp powder is a pharmaceutical health supplement containing minerals which have been extracted from a variety of seaweeds using German high-tech methods, so this is not the same as regular kelp powder. It provides the seven types of mineral that the body requires, and will quickly regulate states of high acidity, causing the body to become more alkaline. Naturally, eating kelp is beneficial, but this will not serve as a substitute for kelp powder.

30. Q: People with kidney disease are not allowed to eat seaweed: is it alright to eat kelp powder?
A: Generally speaking, people with kidney ailments should be careful about their potassium intake. This type of kelp powder is a mineral supplement; it is different than other kelp and seaweed food products, hence people with this problem can take it without worry.

31. Q: I live in central Mainland China, where there is a very limited selection of fruits and vegetables available. How can I go on a detoxifying diet?
A: A healthy detoxifying diet program is a model for healthy eating and drinking habits, as well as for your style of living; therefore, it doesn't matter where you live - anyone can adjust their lives according to the plan introduced in this book.

32. Q: Can children follow this diet plan?
A: For children, the detoxification diet is even more crucial than it is for adults. This program will not only help them, it will also serve as a life-long beneficial influence, as well.

33. Q: What kind of milk should be given to infants?
A: It is best for infants to drink mother's milk; if not, then brown rice, millet, soy or goat milk is suitable. For children above the age of two years, drinking cow's milk is even more unsuitable: their teeth will be well-developed, so they should always eat a balanced diet.

34. Q: While you are on a detoxifying diet, will you start feeling relatively weak?
A: It isn't necessarily the case that you will feel weak while on this diet; in fact, since your body will be burdened with fewer toxins, you should feel refreshed and comfortable.

35. Q: I'm on a detoxifying diet, and always feel hungry. What am I allowed to eat?
A: When you are on this diet, your digestion will operate faster without being a burden on the body. This is why it's easy for you to feel hungry - it is a normal sign. When you feel hungry, you can eat fruit, nuts or sweet potatoes.

36. Q: How can I find out if my body is acidic or alkaline?
A: You can buy the litmus paper that is sold in pharmacies, and use it to test the pH level of your saliva.

37. Q: Is it true that you should eat everything with its peel?
A: Generally speaking, yes, you should. But please keep in mind that the outer part of longan and litchee fruit is a shell, not a fruit peel.

國家圖書館出版品預行編目資料

林光常21天排毒養生餐 / 林光常著 -- 初版.
-- 臺北縣新店市：世茂，民94
面； 公分.
ISBN 957-776-674-9 (平裝)
1. 食物治療 2.食譜
418.91 94001902

生活健康系列

林光常21天排毒養生餐

作者	林光常
熟菜示範及文字協力	無毒一身輕健康廚房
責任編輯	簡玉珊
執行編輯	王佩賢
美術編輯	錢亞杰
封面設計	林世鵬
內頁設計	蔡雅貞
攝影	周禎和、WaWa專業攝影
翻譯	Lynne Mallinson
發行人	簡玉芬
出版者	世茂出版社
地址	(231) 台北縣新店市民生路19號五樓
電話	(02) 2218-3277
傳眞	(02) 2218-3239（訂書專線）・(02) 2218-7539
劃撥帳號	07503007・戶名 世茂出版社
網址	www.coolbooks.com.tw
製版	辰皓國際出版製作有限公司
印刷	祥新印製企業有限公司
法律顧問	北辰著作權事務所
初版一刷	2005年2月

定價 320元

About the Translator:

Lynne Mallinson has had a deep interest in Chinese art, philosophy and culture for most of her life, and for over six years she lived, studied and taught in both Mainland China and Taiwan. Now living in Maryland, she practices Chinese martial arts and yoga, as well as doing Chinese calligraphy and brush painting. Although Ms. Mallinson's formal studies have mainly involved Chinese literature and history, her martial arts experience has given her an understanding of Chinese medicine that was useful in translating this book. Ms. Mallinson majored in Chinese Language and Literature (B.A./Wellesley College, '98), and completed her M.A. in the same field at Washington University in St. Louis, '01.

本書之內容絕非是要取代合格醫師的診斷與治療，而書中所列諮詢電話或網站，僅提供如何正確吃排毒餐之諮詢，若您有任何身體上的不適，我們建議您先請教專業的醫療人員；生病看醫生，但健康靠自己。